Viaje sagrado

Swamini Krishnamrita Prana

Mata Amritanandamayi Center, San Ramon
California, Estados Unidos

Viaje sagrado
por Swamini Krishnamrita Prana

Publicado por:
Mata Amritanandamayi Center
P.O. Box 613
San Ramon, CA 94583
Estados Unidos

—————————— *Sacred Journey (Spanish)* ——————————

Copyright © 2005 Mata Amritanandamayi Center, P.O. Box 613
San Ramon, CA 94583, Estados Unidos

Todos los derechos reservados. No se permite la reproducción total o parcial de este libro, ni su incorporación a un sistema informático, ni su transmisión, reproducción, transcripción o traducción a ninguna lengua, en ningún formato y por ninguna editorial.

Primera edición por MA Center: septiembre de 2016

En España: www.amma-spain.org
fundación@amma-spain.org

En la India:
inform@amritapuri.org
www.amritapuri.org

*No veo el futuro
Pero tampoco me importa.
Pero una visión se presenta ante mí clara como la vida.
La Madre ancestral ha despertado una vez más
Y se sienta rejuvenecida en su trono.
Más gloriosa que nunca.
Proclamadla por todo el mundo
Con palabras de paz y bendición.*

Swami Vivekananda

Índice

Introducción	6
Capítulo 1 *La infancia de Amma*	9
Capítulo 2 *El camino hacia Amma*	18
Capítulo 3 *Los primeros días*	26
Capítulo 4 *La compasión del Guru*	36
Capítulo 5 *La vida de Amma es Su enseñanza*	48
Capítulo 6 *El apego al Guru*	59
Capítulo 7 *Viaje sagrado*	71
Capítulo 8 *La vida es nuestra sadhana*	79
Capítulo 9 *El servicio desinteresado*	90

Capítulo 10
El esfuerzo y la gracia   *103*

Capítulo 11
El altruismo y la humildad   *114*

Capítulo 12
La renuncia   *127*

Capítulo 13
La actitud es lo más importarte   *137*

Capítulo 14
La Madre que todo lo sabe   *147*

Capítulo 15
Transformando vidas   *158*

Capítulo 16
Reconstruyendo cuerpos, mentes y almas   *168*

Capítulo 17
Aprovechando nuestra fuerza interior   *179*

Capítulo 18
Encontrar el paraíso sobre la tierra   *189*

Glosario   *197*

*Los poemas al final de cada capítulo fueron escritos
por la Swamini Krishnamrita Prana en 1984*

Introducción

"Cuando tus ojos tengan el poder
De penetrar más allá de la superficie de la existencia,
Entonces tu vida se llenará de felicidad."
— *Amma*

Siempre me había contentado con quedarme en segundo plano cerca de Amma, observando cómo el juego divino se desplegaba ante mis ojos. Sin entender verdaderamente lo que estaba sucediendo, me sentía contenta como espectadora con las traducciones parciales que me iban llegando.

Solía rezarle a Amma: "No va con mi forma de ser correr detrás de Ti, perseguirte como muchos hacen. Así que si quieres que me acerque, tendrás que atraerme hacia ti, porque no seré jamás capaz de desplazar a nadie para poder estar más cerca de ti."

Amma solía decir: "Podéis luchar y permanecer al frente de la multitud cerca de Amma, o bien estar desapegados y situaros al fondo; pero no os quedéis a medio camino sintiendo celos de ambas posiciones." Así que a menudo me encontraba felizmente desapegada detrás de todos, hasta que Amma tiró de mí acercándome a ella.

Todos tenemos ilusiones o fantasmas sobre lo que creemos que es la vida espiritual, pero curiosamente, muchas veces todo lo contrario se acerca más a la realidad. Construimos castillos de arena que se desmoronan y nuestras ilusiones se disuelven en el aire. Raras veces la vida se parece a lo que esperamos. Jamás podría

Introducción

imaginar que escribiría un libro, y mucho menos espiritual; pero, por la Gracia de Amma, esta obra se ha manifestado.

La primera vez que me pasó por la cabeza la idea de un libro fue en el año 2003. Estaba sentada junto a Amma mientras ella comentaba algunas cuestiones relativas al ashram con algunos de nosotros. Amma dijo: "Hijos, es preferible que arranquemos la hierba y nos la comamos a sacrificar nuestro sistema de valores. Nuestro deber sagrado es defender el sistema de valores espirituales. Es nuestro deber no cometer errores porque si alguien cae al seguirnos, entonces otros que sigan a éste caerán también."

Al escuchar las sagradas palabras de Amma, me sentí profundamente inspirada y movida por el entusiasmo. Su sinceridad en la defensa de los valores de la tradición espiritual me llegó al fondo del alma. Sentí la responsabilidad de compartir con el resto del mundo estos momentos preciosos de inspiración. Particularmente, sentí que era mi deber compartir la sabiduría de Amma. Esta sabiduría no está destinada a unos pocos, sino que debe transmitirse a través de todos nosotros con el objetivo de iluminar la oscuridad que rodea nuestras vidas.

Nunca se me ocurriría proclamarme el ideal de una buscadora espiritual; muy al contrario. Pero de algún modo, con tan sólo una pequeña dosis de esfuerzo y sinceridad, la Gracia de Amma se ha derramado sobre mi vida. Como compañera en la búsqueda espiritual que recorre el camino de este viaje sagrado, ofrezco algunas de mis propias vivencias con la esperanza que otros puedan sentirse inspirados para llevar una vida de devoción y, del mismo modo, sentir las glorias de la Madre Divina manifestarse en su vida.

*Con tan sólo una gota de amor
Has prendido mi alma de la sed por ti.
En vano vagabundeo por este mundo afligido
Intentando contemplarte*

*Todo ha perdido su significado.
El dulce gozo mano a mano con el dolor
Removiendo mi vida solitaria.
En mi corazón estéril plantaste una semilla de amor.
Ahora florece y crece,
Esperando pacientemente que tú la arranques.*

*El loto de mi corazón
Busca su hogar en Ti.
No permitas que esta flor solitaria se marchite
Mientras Te espera.*

Capítulo 1

La infancia de Amma

"Cuando lo contemplas todo como Dios,
Mantienes una actitud devocional.
Cuando no existen sentimientos de otredad,
Toda tu vida se convierte en un acto de adoración,
En una forma de oración, en una canción de alabanza."
Amma

Describir a Amma en pocas palabras a alguien que nunca La ha visto se revela como una tarea abrumadora. Amma existe más allá de lo que puedan abarcar las palabras. La doctora Jane Goodall aportó una de las mejores descripciones de Amma que he escuchado, cuando la presentó con ocasión de la entrega del Premio Gandhi-King a la no violencia. Describió a Amma como "la personificación misma del bien... El amor de Dios en un cuerpo humano." Ninguna descripción podría ser más verdadera.

Amma fue extraordinaria desde el principio. Al nacer alarmó a su madre, Damayanti Amma, porque no lloró. Su madre estaba extremadamente preocupada por Ella hasta que miró a su hija recién nacida y vio Su hermosa sonrisa. Su tez era oscura con una tonalidad azul, y esto también preocupó a sus padres. La llamaron Sudhamani, que significa "joya de ambrosia", y verdaderamente es lo que Ella era.

Los padres y parientes de Amma era gente piadosa que cumplía las prácticas religiosas tradicionales de la familia y de la aldea; pero el comportamiento de Amma les resultaba incomprensible, y pensaban que seguramente algo malo le sucedía. Amma recitaba constantemente los nombres de Dios, y Su atención no siempre se centraba en el mundo que la rodeaba. Día y noche llamaba a *Sri Krishna* para que se le revelara. Desde muy joven bailaba de dicha y componía hermosas canciones devocionales; pero en ocasiones caía al suelo en un estado de éxtasis, y ese extraño comportamiento los asustaba.

La aldea de Amma estaba formada por una sencilla comunidad de pescadores que trabajaban duro. Podría inducir a error decir que Amma nació en la pobreza, tal y como la concebimos a menudo. Se trataba más bien de una forma muy sencilla de vida, con muy poco dinero; es decir, de un modo de vida existente desde hace siglos en un clima que se encargaba de cubrir muchas de las necesidades básicas de la familia. No obstante, en la vida de la aldea cualquier pequeño infortunio podía generar una pobreza desesperante, que derivaba en falta de comida, ropa y cuidados básicos. Cuando Amma veía de niña el sufrimiento que causaba esta pobreza, sentía que tenía que hacer todo lo posible por ayudar a los que se habían empobrecido. Esta ayuda se traducía a menudo en echar mano de los recursos familiares; generalmente sustraía dinero o comida de Su casa para entregarla a quienes no poseían nada. A Sus padres, aún siendo gente generosa, este comportamiento les parecía intolerable y alocado, y le acarreó a Amma severos castigos. Llegaron a la conclusión de que esta conducta era propia de una niña perturbada y les parecía que sin duda le pasaba algo malo. Aún así, Amma trabajaba duro, y cuanto más trabajaba, más trabajo le daban.

Cuando Damayanti Amma cayó enferma, Amma se vio obligada a dejar la escuela en cuarto curso para cuidar a sus hermanos y hermanas. Como era una niña de comprensión rápida y poderosa memoria, cualquier formación posterior la obtuvo de ayudar a Sus hermanos con los deberes escolares.

De niños, Damayanti Amma solía despertar temprano a sus hijos para las oraciones de la mañana. Todos tenían la esperanza de que su madre se quedara dormida, para poder dormir un poco más. Únicamente Amma se sentía feliz de levantarse para rezar. Era la única hija con verdadera devoción.

Amma ni siquiera respiraba una sola vez sin recordar a Dios. Día tras día ponía todo su esfuerzo en recordar a Dios, recitando Sus nombres y visualizando la amada forma de Krishna en Su corazón. No daba ni un paso sin decir Su nombre. Si se le olvidaba una vez, retrocedía un paso y luego continuaba caminando repitiendo el *mantra*. Mientras nadaba, recitaba su mantra un determinado número de veces antes de salir a la superficie a respirar de nuevo. Este era el gran empeño que Amma ponía en la meta de recordar plenamente a Dios.

Cuando Amma tenía seis o siete años, ya pensaba en el sentido de la vida. Algunos de nosotros lo hacemos tan sólo hacia el final de nuestra vida, después de haber llevado una vida mundana, y entonces empezamos a considerar esta cuestión. Así, mientras otros niños se entretenían con juguetes, la pequeña Sudhamani meditaba sobre las razones de tanto sufrimiento en el mundo.

Iba por todas las casas de la aldea recogiendo los restos de las verduras y las sobras de la sopa de arroz que eran desechadas, y con esta comida alimentaba a las vacas de su familia. Mientras lo hacía, observaba a toda la gente anciana y enferma que vivía en esas casas, y se daba cuenta de que muchas veces sus propias familias no los cuidaban de forma adecuada.

Le contaban cómo sus hijos de pequeños se postraban a sus pies, rezaban por su salud y larga vida, y prometían cuidarles en la vejez; pero, posteriormente ocupados en sus propias vidas,

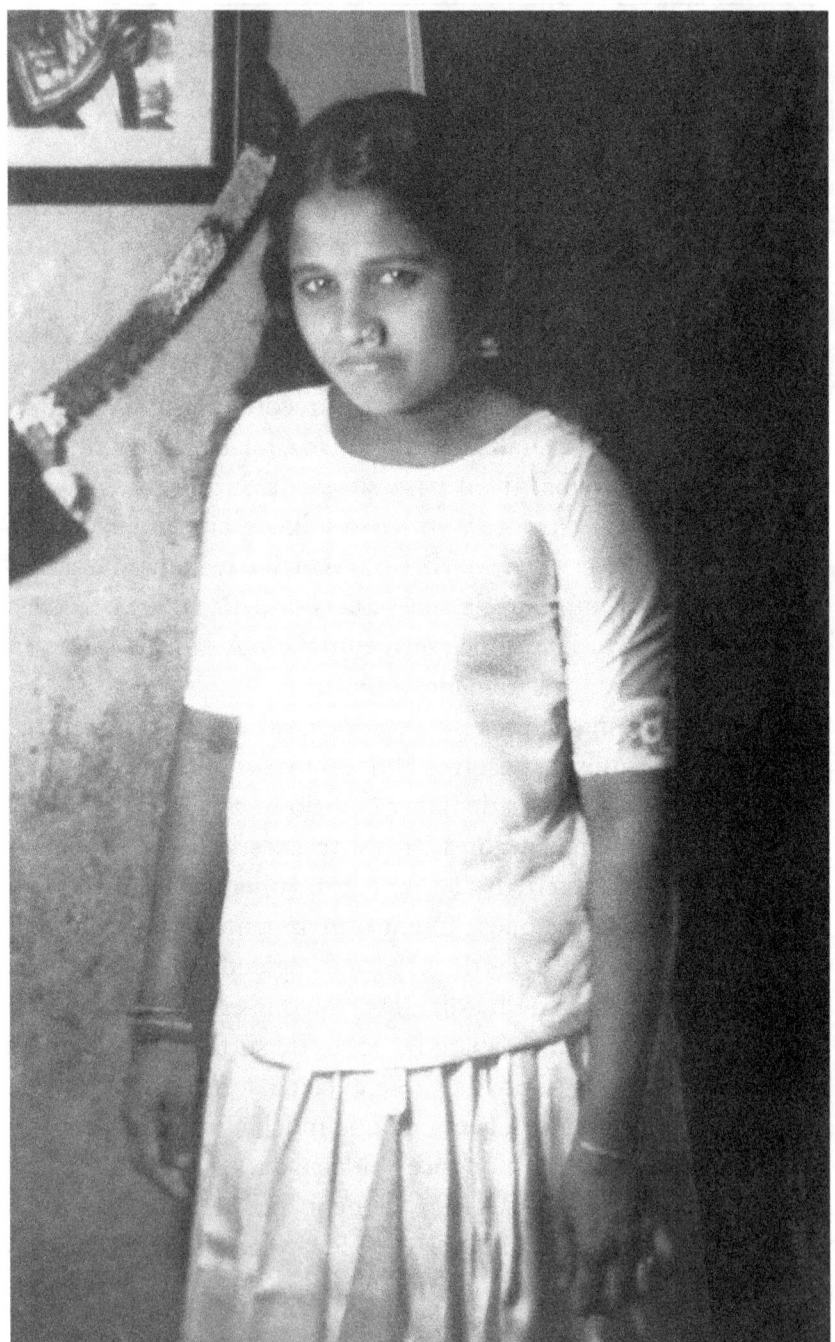

olvidaban sus promesas y dejaban que sus padres se las arreglaran por sí mismos, y muchas veces los maltrataban. Amma, de niña, traía a esta gente anciana a su propia casa, les daba un baño caliente, lavaba su ropa en el estanque familiar y les alimentaba antes de devolverlos a su hogar. A veces, si eran muy pobres y no tenían suficiente comida en su casa, cogía provisiones de su propia casa y se las daba a la gente mayor para que se las llevaran. Si sus padres se daban cuenta, la castigaban severamente e incluso la golpeaban. Sin embargo, ninguna de estas crueles acciones o palabras podían detenerla ni cambiar su corazón compasivo que se apiadaba del sufrimiento del prójimo.

Asimismo, al tratarse de una pobre aldea de pescadores, mucha gente enfermaba y sufría como consecuencia de distintas dolencias o de la misma pobreza. Al ver todos estos problemas y dificultades, se preguntaba por el significado de la vida. Amma dijo que, abrumada por el sufrimiento de la gente en todas partes, quería incluso arrojarse al fuego para acabar con Su vida.

Tras preguntar reiteradamente a Dios por las razones de tan intenso sufrimiento, finalmente una voz interior le reveló que el sufrimiento de la gente se debía a su karma, al fruto de las acciones que habían realizado en esta vida o en otras anteriores. Así, el resultado de estas acciones incorrectas volvía de nuevo a ellos adoptando diversas formas de sufrimiento. Pero aunque fuera su propio karma el que les hiciera padecer, Amma sentía que era su deber intentar aliviar dicho sufrimiento. De forma similar, si vamos caminando y nos encontramos con una zanja en la cual ha caído alguien, no podemos seguir indiferentes y decir que era su karma caer en la zanja. Debemos tender la mano y ayudarle a salir, pues este es nuestro deber. A partir de esta revelación, Amma ha intentado dar el máximo en cada una de sus acciones, desde Su infancia, para tratar de aliviar el doloroso sufrimiento de la vida y cuidar de la humanidad.

La gente solía invitarla a su casa para cantar *bhajans*, ya que tenía una voz dulce y además componía sus propias canciones devocionales. En la región costera donde vivía, casi todas las casas tenían un libro con las letras de los *bhajans*.

Cuando Amma visitaba un hogar y veía en uno de esos libros una canción que le gustaba, inmediatamente se ponía a cantarla. Cuando más tarde la familia abría de nuevo su cancionero, encontraba a faltar esa página. Amma la había arrancado y se la había llevado. A veces se quedaba con libros de *bhajans* enteros. En su hogar, su familia se enfadaba y le preguntaban por Sus motivos para hacer esto. Temían que los vecinos vinieran y se pelearan con ellos al descubrir que había desaparecido una página o el libro entero. Amma nunca les respondía. Sólo muchos años después explicó que es una tradición que las familias hagan una ofrenda cuando un Mahatma visita su hogar para rendir culto a Dios. Amma no podía decir nada a la gente, ya que para ellos era una simple aldeana. En cambio, simplemente cogía una página de un libro de *bhajans* por compasión, y así la gente no cometía ninguna falta al no ofrecerle nada.

Cuando habla de su infancia, la hermana mayor de Amma recuerda que muchas veces la llamaban "loca". Amma levantaba algo verdaderamente pesado y decía: "Esto es muy ligero". O hacía algo extremadamente difícil y decía: "Esto es muy fácil". No parecía haber razón alguna para que hablara de ese modo, y solía irritar muchísimo a sus hermanos. Sólo más tarde se dieron cuenta de que Amma intentaba explicarles que Ella percibía las cosas de otra manera,. Estaba intentando darles alguna indicación de Su Naturaleza Divina, pero en aquel momento no podían entenderla.

Un día las cuatro hermanas estaban sentadas debajo de un árbol. Amma estaba cantando un *bhajan* para sí. Luego dijo tranquilamente: "Ahora podemos sentarnos todas juntas; pero dentro de un tiempo tendréis que permanecer de pie haciendo cola para verme". Todas pensaron, "¡Oh, seguro! ¡Mírala! ¿Quién se piensa que es? ¡Está completamente loca!"

Hubo muchos otros incidentes indicadores de la grandeza de Amma. Una vez Amma y dos de sus hermanas fueron a la población vecina a visitar un templo y llegaron cuando empezaba el *arati* vespertino. Las puertas del templo interior permanecían prácticamente cerradas, pero pudieron ver lo que sucedía a través de la pequeña apertura.

El *pujari* se encontraba adorando a la Deidad del templo. Mientras llevaba a cabo el *arati*, intentando arrojar flores a los pies de la imagen, éstas no caían en la dirección correcta. En cambio, no dejaban de caer a bastante distancia de él y en la dirección contraria. Estaba desconcertado y no sabía qué hacer.

Amma estaba de pie en el centro, detrás de su hermana mayor y delante de la pequeña. Repentinamente, el *pujari* se levantó, tomó el plato de las flores, la lámpara para el *arati* y una guirnalda y salió del templo interior. Se dirigió directamente hacia Amma, ofreció las flores a sus pies, le puso la guirnalda y le hizo a Ella el *arati*. Amma se reclinó hacia atrás, contra la pared, con los ojos entrecerrados; luego bendijo al hombre tocándole la cabeza, y Ella y sus hermanas dejaron el templo.

La gente que estaba en el templo y presenció este acontecimiento se quedó muy impactada, ya que jamás habían visto nada parecido – un *pujari* adorando a una joven muchacha de pueblo en lugar de a la imagen del templo. Sus hermanas se quedaron totalmente asombradas por los extraños hechos, pero también estaban acostumbradas a que cosas inauditas ocurrieran en torno a su hermana.

Amma realizaba una cantidad enorme de trabajo de la mañana a la noche. El trabajo era muy duro, pero su atención se centraba todo el tiempo en Dios. Una de las tareas de los niños era cuidar de las vacas, para lo que había que cortar hierba para alimentarlas. Un numeroso grupo de muchachas solía ir al mismo tiempo y dedicaba unas dos horas a realizar este trabajo. Desde el mismo momento en que encontraban la hierba se ponían a cortarla, pero Amma se apartaba del grupo y se sentaba en algún lugar retirado. Allí cerraba los ojos y entraba en meditación. Las otras no se daban cuenta de que Amma estaba meditando y pensaban que simplemente se estaba relajando.

Las muchachas llevaban grandes cestas que llenaban de hierba. Cuando llevaban una hora y media cortando hierba, Amma se levantaba de pronto, cogía una hoz y durante veinte minutos no hacía nada más que cortar, cortar y cortar. Mientras las otras llenaban tres cestas en dos horas de trabajo, Amma llenaba cinco cestas en veinte minutos. Durante todo el camino de vuelta, las otras chicas peleaban con Amma y la acusaban de robarles el forraje. Creían realmente que había sido así, de lo contrario ¿cómo había podido recoger con tanta rapidez la hierba? Así que cogían ramitas secas para colocarlas en el fondo de sus cestas, y después ponían la hierba encima para poder tener también ellas cinco cestas llenas.

Amma trabajaba tan duro como una criada, y también la trataban como tal. Era castigada a menudo, aunque Amma nunca permitió que los demás supieran que aceptaba sufrir esos castigos para poder ayudarlos. Lo soportaba todo en silencio. Amma solía clamar por Krishna con toda su alma y todo su corazón. Y con esta añoranza de Él, podía olvidar el dolor de todo el día. Cuanto más sufrimiento había en la vida de Amma, más se volvía a Dios con devoción.

Oh, Krishna,
Oigo tu flauta llamarme dulcemente.
Muero por dejarlo todo
Y correr a buscarte,
Pero cuando intento acercarme
Encuentro mis pies atados
Por las pesadas cadenas de este mundo
Que no me dejan marchar.
Tan sólo mi mente agonizante
Puede intentar buscarte.

Estoy hastiada de este mundo doloroso.
Todavía intenta servirme un poco más,
Pero no puedo tomar más de este veneno.
Déjame morir aquí sola
Anhelando abrazarte.

Capítulo 2

El camino hacia Amma

> *"La vida alcanza su plenitud
> sólo cuando el corazón se llena
> de fe en un Poder Supremo.
> Hasta entonces continuará
> la búsqueda para llenar ese vacío."*
>
> *Amma*

Cuando era una niña solía ir a la granja de mi padre durante las vacaciones escolares. Había tres niños en nuestra familia y nos encantaba ayudar en las labores de labranza. Para nosotros el trabajo siempre era una diversión.

Recuerdo muy intensamente una experiencia que tuve cuando tenía siete u ocho años. Me agaché al suelo y cogí unos pocos granos de arena. Mirando tan sólo uno o dos granos de forma separada, pude verlos brillar al sol como diamantes. Me entusiasmé muchísimo. Pensé que había descubierto el "secreto del universo".

Vi tanta belleza en estos granitos de arena, que sentí que si tan sólo una pequeña partícula de polvo poseía tanta belleza, entonces la totalidad del mundo estaría compuesta de partículas similares. Sentí que "el secreto del universo" radicaba en que todas las cosas, donde quiera que se encontrasen, estaban hechas de la misma belleza. Pero nunca lo llegamos a percibir, ya que todo está mezclado. Esta profunda percepción persistió durante un tiempo y es algo que siempre recordaré. A través de los ojos inocentes de una niña puede desplegarse toda la magia del universo.

Al acabar mis estudios, trabajé como recepcionista y secretaria para un cirujano plástico. Era un trabajo interesante que me enseñó muchas cosas sobre el mundo. Este cirujano plástico era especialista en operaciones de manos y reemplazaba las articulaciones de la gente con artritis reumatoide. Mucha gente acudía también para diferentes tipos de cirugía estética. Al principio, durante los dos años que trabaje con él, realizaba unas tres operaciones al día. De forma gradual comenzó a aumentar las intervenciones a cuatro, cinco y hasta seis pacientes. Me pareció que lo hacía para ganar más dinero y permitirse más lujos. Entre los pacientes comenzaron a surgir infecciones, ya que probablemente les dedicaba menos atención. Al ver esto, me desilusioné y sentí que la vida no tenía como objetivo ganar dinero para pagar lujos. No quería "vender mi alma" por dinero, por una paga semanal. Intuía que en la vida había algo más, y aunque no sabía exactamente qué, iba a intentar buscarlo y encontrarlo. Así que me retiré a los dieciocho años.

Decidí viajar para descubrir en qué consistía verdaderamente la vida. Viajé por Asia durante ocho meses y mientras lo hacía, encontré que la gente parecía tener muy pocos bienes materiales, pero tenían mucha más paz de espíritu que la mayoría de los que viven en los países occidentales con todas sus comodidades. Este hecho me intrigó y llegué a comprender que cualquiera que fuera el camino que elegían, eran la fe en Dios y la religión las que les daban esa paz de espíritu.

Mi último destino era la India. La mayoría de las personas que encontré tenían pocas riquezas o comodidades materiales, pero eran felices. Sentí que la devoción a Dios, en cualquier forma en que se le concibiera, unía a todos los miembros de la familia e infundía alegría a sus vidas.

De pequeña, oía a la gente hablar de Dios. En aquel tiempo no sabía qué creer, ya que nunca encontré a nadie que realmente hubiera experimentado lo que era conocer a Dios. Durante mi adolescencia, la aridez de no haber tenido ninguna relación con Dios hacía que me alejara de la religión. Más tarde, al entrar en contacto con el concepto de religión, tal y como se enseña en la tradición Hindú, la vida volvió a tener sentido. Sentí que los ideales del servicio desinteresado, la disciplina y el desarrollo de las buenas cualidades y hábitos, otorgaban un significado a la vida, un desafío y un gozo.

Tras viajar a la India y escuchar la filosofía de la vida descrita por el hinduismo, sentí que esta era la respuesta para comprender el sentido de la vida. Los mecanismos de la mente, las emociones y las diferentes facultades mentales estaban descritas de una manera tan científica y lógica que hacían la religión muy fácil de entender. Los conceptos de la devoción y de un Dios con el cual puedes tener una relación personal me parecían llenos de sentido.

Finalmente regresé a Australia, donde volví a ponerme en contacto con algunos amigos con los que había viajado. Me preguntaron si quería aprender a meditar y me invitaron a unirme a su grupo de *satsang*. Acepté la invitación entusiasmada. Como había una cena después del *satsang*, preparé algo para llevar: huevos cocidos con salsa picante. Pensé que sería una gran idea, pero no lo fue para los demás, porque no comían huevos. De todas formas disfruté escuchando las verdades espirituales. Esa noche regresé a casa con el plato de huevos y algo más... En las enseñanzas hinduistas había encontrado todas las respuestas a mis preguntas sobre la vida y su significado. Por primera vez en mi vida, todo lo que escuchaba tenía sentido para mí. Las antiguas verdades del *Sanatana Dharma* (hinduismo) que explican que Dios se encuentra en el interior de cada uno, en ti y en mí, y que la meta de la existencia humana es alcanzar el estado de la

realización de Dios, llegó al centro de mí ser y despertó algo en mí. Por fin tenía la respuesta que había estado buscando y entendía el significado de la vida. Todavía recuerdo que en el camino de regreso después del *satsang*, me pareció que toda la naturaleza se regocijaba. El brillo del sol era glorioso, las hojas de los árboles danzaban de alegría y los pájaros cantaban a los cielos.

Después de una corta estancia en Australia, regresé de nuevo a la India y comencé a vivir en un ashram en el norte de la India. Permanecí allí durante seis meses, hasta que un día oí hablar de Amma. Fui a conocerla y enseguida me di cuenta de que quería vivir junto a ella, que me guiara como maestra espiritual y me disciplinara como mi guru.

En 1982 llegué por vez primera para quedarme en el ashram de Amma. Después de haber vivido en una organización grande y madura, con varios miles de personas de todo el mundo, fue una deliciosa y profunda sorpresa visitar el pequeño y humilde ashram de Amma, donde tan sólo catorce personas vivían en unas pocas cabañas. A mi llegada, entré en la cabaña donde estaba sentada Amma. Me vio, se levantó y corrió a abrazarme. Me sentí totalmente impactada por el amor y la ternura que Amma me mostraba, a mí, una completa desconocida. En los ashrams que había visitado antes, sólo podías postrarte de lejos mientras el *guru* se sentaba, intocable, a una distancia segura, pero aquí Amma acariciaba tiernamente a sus devotos, incluso los que acababan de llegar por primera vez, con un amor y una compasión divinas que nunca imaginé que existieran.

En ese tiempo había leído y escuchado mucho sobre los *gurus*, y siempre los había imaginado sentados en un trono mientras la gente se acercaba para recibir una especie de bendición impersonal. Incluso había conocido a algunos maestros espirituales. Aunque algunos eran impresionantes a su manera, todos parecían bastante inaccesibles. Pero Amma era totalmente distinta. A diferencia de la mayoría de los gurus, era una mujer joven y hermosa, de tan sólo veintinueve años. Nada más entrar en la habitación donde se encontraba, me recibió de manera tan íntima como si fuera su propia hija. "¡Nadie da tanto amor a los extraños!", mi mente no cesaba de repetir. Poco sabía yo entonces que para Amma no hay extraños. Pensaba: "¡Esto es algo poco corriente, verdaderamente extraordinario!"

Tardé unas tres semanas en comenzar a captar hasta qué punto era Amma extraordinaria. Al verla día tras día, gradualmente arraigó en mí el pensamiento de que era Divina. No era meramente una santa, como pensaba en un primer momento: estaba totalmente unida con Dios, inmersa en una intoxicación divina. La vi entrar en *samadhi* y caer en la arena, riendo y luego llorando, completamente absorta en un increíble amor sobrenatural. Cuando gritaba llamando a Dios durante los *bhajans*, su amor era bien palpable. Podía sentir cómo tocaba mi alma mientras Ella perdía la conciencia de Su cuerpo y se adentraba en un reino divino donde no podíamos seguirla. Su inocencia infantil, en ocasiones, la hacía parecer una niña, la mejor amiga y compañera de los devotos; mientras que otras veces, instantáneamente se convertía en madre, guru o guía.

Llegué a la conclusión de que Amma era un alma que había realizado a Dios, y aún así no encajaba en ninguno de mis conceptos de cómo se suponía que eran las almas realizadas. Había leído sobre *gurus* que no permitían que nadie les tocara los pies para no perder la energía que habían obtenido con su *sadhana*. Y allí estaba Amma, totalmente ajena a esta posibilidad, abrazando a todos y cada uno de los que se le acercaban, como si todos fueran Sus propios hijos.

En ocasiones Amma parecía actuar como una niña loca e incluso se refería a Ella misma de esta forma. Comía del suelo, jugaba durante horas con los niños volviéndose como ellos, y estallaba en una risa incontrolable. Durante los *bhajans* y el *darshan*, repentinamente se detenía a mitad de una frase y ponía los ojos en blanco mientras se elevaba en *samadhi*. A pesar de su extraño comportamiento, yo estaba convencida más allá de toda duda de que Ella había visto a Dios y que podía darme una verdadera relación con Él. Sentía que quizás con Amma había encontrado un tipo de Maestro que jamás había imaginado ni encontrado en los libros. Era evidente que Amma no sólo había visto a Dios, sino que se había hecho una con la Divinidad.

Antes de conocer a Amma había pensado en casarme y tener una familia. Además, siempre había querido viajar y ver mundo. Pero tras conocer a Amma, todos estos deseos simplemente se desvanecieron. Había encontrado la respuesta a mi pregunta más fundamental: "¿Cuál es el sentido de la vida?" En Amma no sólo había encontrado la meta y el significado de la vida, había encontrado una hermosa Maestra que iba a intentar ayudarme a vivir de acuerdo con los principios espirituales. Después de escuchar las grandes verdades espirituales y verlas todas personificadas en Amma, supe que no podría regresar y vivir una vida ordinaria en Occidente. Jamás podría fingir que una vida así era real. Deseaba entregar el resto de mi vida a Amma.

Antes de encontrarte
Este alma ignorante
Se contentaba con deambular
En el mundo de la ilusión.

Pero ahora,
Con sólo una gota de amor
De Tu forma compasiva,
Mi corazón se ha llenado de inquietud
Y busca sólo tu amor.

Mi mente está ansiosa
Sólo de contemplarte.
Todo lo demás se ha vuelto vano e inútil.
Estoy perdida en este mundo loco,
Con el corazón en llamas,
Anhelando amarte.

Los días se suceden
Y Tú estás todavía tan lejos.
Es más doloroso este amor frustrado por Ti
Que vivir en el mundo ilusorio.

Capítulo 3

Los primeros días

*"Si se medita sobre las palabras y los hechos de la Madre,
no es necesario estudiar ninguna Escritura"*

Amma

Antes de que se construyera el ashram, disponíamos sólo de lo más básico. A veces no había suficiente comida para todos, así que Amma iba por las casas vecinas y mendigaba algo de arroz para alimentarnos. No disponíamos de aseos para todos, sólo había un baño y un retrete, pero sea como fuere nos las arreglábamos con lo poco que teníamos.

El alojamiento era escaso. Al principio utilizábamos una habitación de la casa de los padres de Amma, pero al poco tiempo habíamos ocupado toda la casa. Cuando llegaban visitantes, a menudo les dábamos nuestra propia habitación, ya que no se disponía de alojamiento para todo el mundo. Una vez, un grupo de mujeres de la misma familia vino para quedarse en el ashram, y Amma pidió a mi compañera y a mí que les diéramos nuestra habitación. Como no había otro sitio donde dormir, nos instalábamos en la pequeña cocina o fuera, en la arena. La familia decidió quedarse bastante tiempo.

Pasaron dos meses. Nunca nos quejamos y dormíamos alegremente donde podíamos, ya que nos parecía que era una prueba de Amma para ver lo desapegadas que estábamos de nuestras circunstancias. Finalmente, alguien le mencionó a Amma que todavía no teníamos un lugar permanente para dormir. Amma se sorprendió al oírlo, y organizó las cosas para que la familia se trasladara a otro sitio, y por fin nos devolvieron nuestra habitación.

En aquellos primeros años el agua no siempre fluía fácilmente. En ocasiones teníamos que cavar agujeros en el suelo para encontrar la fuente de agua. El agua entraba lentamente en los pequeños pozos hechos a mano, y recogíamos esta agua para bañarnos y lavar la ropa. Aunque el agua al principio era fresca, tarde o temprano se volvía salobre. Cuando empezábamos a tener llagas en el cuerpo, sabíamos que había llegado el momento de excavar otro agujero.

Amma nos decía a menudo dónde cavar estos agujeros para abastecernos de agua. Una noche, Amma pasó por mi habitación y dijo: "Mañana por la mañana cava un agujero aquí mismo". Me sorprendió, ya que el lugar señalado era justo enfrente de mi puerta. No se me hubiera ocurrido encontrar un manantial allí mismo. Pero, sin dudarlo, al día siguiente comenzamos a cavar un agujero y una balsa de agua empezó a rezumar en ese punto. Así nos abastecimos de agua durante las dos semanas siguientes. Amma sabía cómo cubrir nuestras necesidades, materializando exactamente lo que necesitábamos.

Amma siempre ha tenido Su estilo único de enseñar una lección espiritual. A veces, si alguien cometía un error y Ella quería recalcar verdaderamente una enseñanza, en lugar de reprender a esa persona asumía el castigo en Su propio cuerpo. Su cuerpo era tan precioso para nosotros que estas acciones tenían un impacto mucho mayor que si nos hubiera reprendido a nosotros. En una ocasión, cuando alguien hizo algo incorrecto, Amma empezó a golpearse la mano con una gran lata de leche en polvo. Cuando las cosas se calmaron, cogí una tela mojada con agua fría y la apliqué en la mano de Amma para aliviarla. Amma me observaba

mientras lo hacía y sonreía. Cuando acabé de curarla, me susurró con picardía: "Era la otra mano".

Amma siempre trataba de enseñarnos con el ejemplo personal. Hace muchos años, cuando el templo del ashram se estaba construyendo, se vio a Amma caminar por el lugar a la luz de la luna, agachándose de vez en cuando para coger algo del suelo. Era al final de un largo día de *darshan* público, y así es como Amma había decidido pasar su tiempo de descanso.

Un *brahmachari* se acercó a Ella y le preguntó: "Amma, ¿qué estás haciendo? deberías descansar." Amma respondió: "Hijo, Amma está recogiendo estos clavos oxidados". El joven *brahmachari* se preguntó por qué estaba haciendo esto a esas horas de la madrugada, cuando debería estar durmiendo. Amma dijo: "Mucha gente pobre viene a este ashram y ¿qué sucedería si un padre de familia se lo clavara en el pie y se le infectara? Tendría que ir al hospital y, entonces, ¿quién cuidaría de su familia? Además, podemos enderezar estos clavos oxidados y reutilizarlos para el edificio del templo, o venderlos como chatarra." El *brahmachari* se quedó sin habla al reflexionar sobre la sabiduría que encierran el amor universal y la formidable energía física de Amma. Tras pasar un día entero tratando los problemas personales de la gente y reconfortándolos, Amma también deseaba protegerlos de cualquier daño que pudiera acaecerles durante su visita al ashram.

Una vez, cuando Amma estaba comiendo con los residentes del ashram, volcó Su vaso de suero de leche, que se derramó por el suelo de cemento. Corrí a coger un trapo, pero Amma me detuvo y se puso a beber la leche directamente del suelo. Dos visitantes occidentales que estaban presentes se miraron estupefactos. Poco después se marcharon del ashram: por lo visto no estaban preparados para una lección tan avanzada.

En los viejos tiempos, además del *darshan* diario y el programa de *bhajans*, Amma solía dar *Bhava darshan* tres veces por semana. Aunque en 1985 Amma dejó de dar *darshan* de *Krishna Bhava*, todavía da en ocasiones el *darshan* de *Devi Bhava*. Sobre estos *Bhava darshan* especiales, Amma dijo una vez: "Todas las deidades del panteón hindú, que representan los innumerables aspectos del Ser Supremo, existen en nosotros. Quien posee el Poder Divino puede manifestar cualquier de ellas por la mera voluntad por el bien del mundo. *Krishna Bhava* es la manifestación del aspecto del Ser Puro, y *Devi Bhava* es la manifestación del Eterno Femenino, la Creadora, el principio activo del Absoluto Impersonal. ¿Por qué un abogado se pone una toga negra o un policía un uniforme y un sombrero? Todo esto no es más que ayudas externas con la intención de causar una impresión o un cierto sentimiento. De manera parecida, vestirse como Devi pretende aumentar la actitud devocional de las personas que vienen para el *darshan*. La intención de Amma es ayudarlas a alcanzar la Verdad. El Alma o el Ser que está en mí también se encuentra en ti. Si puedes realizar el Principio Indivisible que siempre está brillando en ti, te convertirás en Eso."

Estos programas de *Bhava darshan* empezaban al final de la tarde con *bhajans*, seguidos del *Krishna Bhava*, y se prolongaban hasta medianoche. Amma asumía la actitud y la vestimenta del Señor Krishna y luego recibía de forma individual a todos los devotos, dándoles las bendiciones y el *prasad* de Krishna. A continuación aparecía como Devi y abrazaba de nuevo a todos los devotos, continuando el programa hasta el alba.

Después de una o dos horas de descanso, y a veces sin descansar, partíamos hacia diferentes lugares de Kerala para celebrar *pujas* y cantar *bhajans* en varios hogares. A menudo pasábamos la noche en esos lugares, regresando al ashram al día siguiente, justo a tiempo para el principio de otro *Bhava darshan*.

Al poco tiempo de vivir en el ashram, Amma me pidió que ocupara el puesto de la persona que atendía a sus necesidades durante los *Bhava darshan*. Acepté, pues era un gran honor y un placer para mí, aunque también era una tarea muy difícil, ya que no comprendía el malayalam. Frecuentemente tenía que adivinar lo que Amma estaba pidiendo. Amma a menudo decía en tono de broma que si me pedía algo, yo le daba exactamente lo contrario.

En aquellos días, Amma no aceptaba nada para Ella durante los *Bhavas*. Sólo daba a los demás. Ni siquiera levantaba la mano para limpiarse la cara o beber algo, mostrándonos de esta forma la naturaleza totalmente desinteresada de la Madre Divina. Incluso hoy en día, cuando come o bebe, Amma nunca consume la totalidad de nada de lo que se le ofrece. Siempre deja algo, como para mostrarnos que tampoco nosotros deberíamos tomarlo todo para nosotros mismos, sino que deberíamos devolver algo para el resto de la creación.

Durante el *Krishna Bhava*, un devoto local mantenía la tradición de llevarle a Amma un bote de leche, ya que a Krishna le encantaban los productos lácteos. Amma no se la bebía Ella misma, pero permitía al devoto verter un poco en Su boca. Después, al finalizar el *darshan*, ofrecía la leche como *prasad* a cada uno de los devotos que se encontraban en el *kalari*, vertiéndola en sus bocas uno por uno.

Otra noche, a mitad del programa, le ofrecí un zumo a Amma. Mientras lo sostenía para que lo bebiera, accidentalmente golpeé el borde del vaso contra Sus dientes. Me sentí muy mal por lo sucedido, sabiendo que se debía a mi falta de atención. Horas después, al final del *darshan*, un devoto le ofreció leche a Amma, como a Krishna, y entonces Amma se puso a repartir esa leche entre todos. Cuando me llegó el turno, en lugar de derramar la leche en mi boca, con una sonrisa traviesa golpeó el recipiente contra mis dientes. Me sorprendió mucho, pero me recordó mi anterior falta de cuidado y consiguió que se me quedara grabado el extremar la concentración y el cuidado mientras realizo cualquier acción cerca de Amma. Para un buscador espiritual, la máxima concentración y *shraddha* son absolutamente esenciales. Amma, a su manera única e inimitable, me estaba recordando este importante principio.

Durante los *Devi Bhava darshan*, era mi deber limpiar la cara de Amma. Aunque su cuerpo nunca sudaba, su cara sí lo hacía, ya que en el *kalari* no había ventanas, estaba siempre abarrotado de gente y hacía mucho calor. De hecho, el calor era tan intenso que de vez en cuando teníamos que arrojar agua sobre las paredes para tratar de bajar la temperatura.

A Amma le gustaba que le secaran la cara después de abrazar a unas cuantas personas, y yo tenía que decidir cuál era el momento oportuno. A menudo me horrorizaba la idea de plantarle una toalla en la cara de la Madre Divina, pero ese era mi deber.

En aquellos días, con frecuencia Amma se me aparecía en sueños por la noche con la forma de Devi, mirándome como si dijera: "¿Es qué no me vas a limpiar la cara?" Estos sueños eran tan reales que estaba totalmente convencida de que Amma se encontraba en la habitación conmigo. Todavía adormecida, a veces saltaba de mi estera y empezaba a buscar Su toalla, sintiéndome muy culpable por haberme quedado dormida. Cuando finalmente me despertaba y me daba cuenta de que sólo era un sueño, le pedía perdón a Amma por haberme quedado dormida, pero volvía a acostarme de nuevo, pues ¿qué otra cosa podía hacer?

A veces otra chica compartía la habitación conmigo me preguntaba qué hacía levantándome a media noche. Estos sueños solían venirme por lo menos una vez a la semana, y algunas semanas hasta varias veces, y continuaron durante años hasta que por fin se acabaron. Me parecía que Amma trataba de recordarme, una y otra vez, que dormía demasiado.

Una noche, Amma me ofreció dormir en Su habitación con Ella. Algunas veces permitía que alguna de las pocas chicas

residentes en el ashram durmiera en su cuarto como una oportunidad especial de estar junto a ella. Esa noche era particularmente especial, ya que se celebraba el nacimiento de Krishna. En realidad los Mahatmas nunca duermen, ya que siempre tienen completa conciencia. A pesar de todo, en esa ocasión Amma se acostó para descansar en el balcón de su habitación, y yo me eché a dormir cerca de Sus pies.

Al poco rato caí dormida y tuve un sueño impresionante, en el que descubría un libro que contenía todos los misterios del universo. Después de un tiempo, me vi llamando fuertemente a Devi, con las manos juntas sobre la cabeza en posición de oración. Mis llamadas a Devi habían despertado a Amma. Me puso la mano en la cabeza mientras decía, intentando calmarme: "*Mol* (hija), *mol*". Me avergoncé de haber molestado a Amma en su descanso, pero Ella no dijo nada más. Nos acostamos de nuevo, y otra vez tuve un sueño sobre la Diosa del Universo.

Cuando me levanté a la mañana siguiente, salí en silencio para no molestar a Amma una vez más. Más tarde ese mismo día, me dirigí a Amma cuando bajó de su habitación y le pregunté: "Amma, ¿ha pasado algo esta noche?" Ella me dijo: "¡Hasta ahora siempre había pensado que eras una devota de Krishna, pero ahí estabas llamando a Devi!" Le pregunté a Amma qué había pasado en realidad. ¿Había sido un sueño o una experiencia espiritual? Amma contestó: "En parte fue un sueño y en parte una experiencia. Es el principio de la verdadera devoción. Basta con la respiración de un Mahatma para provocar experiencias espirituales en la gente." Así que en realidad no tenía nada que ver conmigo, porque había tenido esta experiencia provocada por la respiración de Amma..

Los primeros tiempos con Amma fueron increíblemente dichosos. Ella pasaba largas horas del día y de la noche inmersa en *samadhi*. Al contemplarla, la paz y la felicidad se derramaban sobre nosotros. Cuando no estaba perdida en el amor a Dios, Amma dedicaba su tiempo a amar a los que teníamos la buena fortuna de estar con Ella. No podía ocultar este amor ni guardarlo para sí misma, ya que el amor vibraba en cada una de Sus células y se derramaba por todos los poros de Su cuerpo.

Oh Señor de la Compasión,
¿Cómo te dieron este nombre
Cuando sin cesar
Atormentas mi corazón dolorido?

No conozco Tu compasión.
Espero con este amor abrasador
Deseosa de Tu piedad.
¿Cuántos ríos de lágrimas debo llorar?

¿Cuántos fuegos
Debe mi angustioso corazón prender?
¿Es así como atormentabas a las pobres gopis
Y a Radha que Te amó hace tanto tiempo?
¿No Te da vergüenza?
Apiádate de nuestras pobres almas
Líbranos de este mundo de pesares.

Capítulo 4

La compasión del Guru

*"Cada una de las gotas de sangre de Amma,
cada una de las partículas de Su energía,
Es para Sus hijos.
El propósito de este cuerpo
y de toda la vida de Amma
Es servir a Sus hijos."*

Amma

El amor que un *guru* tiene por un discípulo es ciertamente el mayor amor de este mundo. Ningún otro amor se puede comparar a esta clase de amor divino desinteresado.

La madre que nos dio el nacimiento sólo nos cuidará unos cuantos años; y hoy en día muchas madres ni siquiera están dispuestas a hacer eso. Pero el amor que Amma siente por nosotros es muy diferente; es increíblemente profundo y lo abarca todo. Por nosotros está dispuesta a cualquier sacrificio.

Amma es una Maestra que ha realizado plenamente a Dios, no tiene karma ni obligación alguna de regresar a la tierra. Si quisiera podría permanecer, tras dejar su cuerpo, fundida para siempre en el estado de Suprema paz y felicidad, sin regresar nunca más a este mundo de sufrimiento e ignorancia. Pero, por nosotros, dice que regresará para liberarnos. Dice que está dispuesta a volver, en una vida tras otra hasta conducirnos a la meta de la realización de Dios.

La compasión del Guru

No puede haber amor más grande que este en todo el universo. Deberíamos sentirnos sumamente dichosos de que Amma sienta este amor hacia nosotros, y muy afortunados de haber llegado a Su lado para empezar a sentir ese amor.

Había una vez un discípulo que vivía en el ashram de su *guru*. Su mente seguía inclinándose hacia los deseos mundanos, así que el *guru* le pidió que se casara para satisfacer los anhelos de su mente y que regresara a los diez años. Transcurridos los diez años, el discípulo había tenido varios hijos y se había hecho rico. Su *guru* fue a visitarlo y le recordó que había llegado el momento de regresar a la vida espiritual, pero el hombre le dijo que sus hijos eran todavía muy jóvenes y lo necesitaban. Quería dejar pasar unos años más para criarlos bien, y después regresaría al ashram.

Pasaron otros diez años y el *guru* vino a visitarlo de nuevo. Esta vez el discípulo le comentó que su mujer había muerto y sus hijos habían crecido, pero estos no sabían todavía cómo asumir sus responsabilidades y podrían derrochar toda su riqueza, así que necesitaba unos años más hasta que alcanzaran la edad adulta.

Pasaron siete años más. Esta vez, cuando el *guru* volvió a la casa del discípulo, se encontró con un enorme perro que guardaba la entrada. El *guru* lo reconoció al instante: era su discípulo. Había muerto unos años atrás y había renacido en forma de perro guardián debido al apego que sentía por sus hijos y pertenencias. El *guru* se arrodilló y llamó al perro. El perro le dijo: "Maestro, en unos pocos años regresaré a ti. Mis hijos se encuentran en la cima de su buena fortuna y tienen algunos enemigos, así que debo protegerlos antes de abandonarlos del todo."

Diez años más tarde, de nuevo regresó el *guru*. El perro había muerto y el *guru* vio que, debido a los apegos del discípulo, había renacido como una serpiente venenosa que vivía bajo la caja fuerte de la casa. El *guru* decidió que había llegado el momento de liberar a su discípulo de la ilusión. Le dijo al nieto del discípulo que había una serpiente venenosa dentro de la casa y le ordenó que no la matara, sino que sólo le diera una buena paliza y se la trajera. Cumplidas sus instrucciones, el *guru* levantó a la magullada serpiente, la acarició con mimo y con delicadeza se la enrolló al cuello. Mientras volvía al ashram, le dijo amorosamente a la serpiente: "Amado discípulo, nadie puede satisfacer sus deseos dándoles rienda suelta. La mente nunca llega a estar satisfecha. El discernimiento es tu único refugio. ¡Despierta!, Pues al menos podrás alcanzar el Supremo en tu próximo nacimiento." En ese momento la serpiente recordó su anterior identidad y se quedó sorprendida: "*Gurudev*, ¡qué misericordioso eres! Aunque me he mostrado tan ingrato contigo, me has seguido y has cuidado de mí en todo momento. ¡Oh *Gurudev*, tengo que postrarme a tus pies de loto!"

Como el *guru* de esta historia, Amma está dispuesta a esperar muchas vidas por nosotros, buscándonos en todas nuestras encarnaciones futuras para conducirnos a la liberación. Esto es puro amor, un amor que jamás se desvanecerá, un amor que lo soporta todo y que está dispuesto a esperarnos para siempre. Amma personifica ese amor.

Solo Amma sabe lo que verdaderamente es el Amor Divino. Nunca seremos verdaderamente capaces de comprender el Amor que siente por nosotros. Está más allá de nuestra comprensión, más allá de cualquier cosa que podamos imaginar. Sólo tenemos la profundidad para sentir apenas un poco de este amor; pero incluso ese poco nos prueba que el amor de Amma es el más puro que pueda haber.

Al final de un *Devi Bhava darshan* en la India, la familia de una de las muchachas que vive en el ashram tuvo la oportunidad de realizar la *pada puja*. Amma sabía que esta familia era muy pobre y le preocupaba cómo habían podido costearse el largo viaje en tren hasta allí. Después de que sus pies fueron amorosamente bañados en yogur, *ghee*, miel y agua de rosas, Amma se sorprendió al ver que el padre de la muchacha sacaba un par de ajorcas de oro y con gran reverencia se las ponía en los tobillos. Le preguntó de dónde había obtenido el dinero para comprarlas, pero él no respondió. Más tarde uno de sus amigos le confió a Amma que había obtenido el dinero prestado, tanto para el viaje como para las ajorcas, de un prestamista y a un tipo de interés elevadísimo. Todo eso lo había hecho para satisfacer el deseo de la familia de rendir culto a los pies de Amma.

Después Amma nos dijo que cuando la familia estaba realizando la *puja*, sintió que realmente tenían una entrega total. De hecho rindieron el culto con tanta devoción y sinceridad que se le llenaron los ojos de lágrimas y sintió que se hacía más y más pequeña, hasta que entró literalmente en sus corazones. Dijo que esto sucedió debido a que su actitud era tan totalmente pura. Amma dice que el verdadero significado de realizar *pada puja* es adorar la Verdad Suprema personificada en la forma del *guru*. Al adorar los pies de Amma, expresamos nuestra humildad y total auto-entrega.

Esta gente se sentía extremadamente feliz de tener la oportunidad de rendir culto a los pies de Amma, aunque para ello hubieran tenido que endeudarse. Amma sintió tanta compasión por ellos que más tarde le dijo a alguien que intentara ayudarles económicamente sin que lo supieran. Aunque hay gente que ha ofrecido a Amma diamantes y lujosos regalos de todo tipo, el más grande y preciado regalo para Amma es un corazón puro y generoso.

Un año, durante un retiro en Australia, una chica se me acercó con lágrimas resbalando por sus mejillas. Me dijo: "*Swamini*, tengo que explicarte lo que me acaba de ocurrir. Amma es increíblemente maravillosa, ¿pero cuántos de nosotros nos damos cuenta?". Me contó que se había sentido inspirada para acercarse a Amma durante el programa de la mañana y preguntarle: "Por favor, Amma, ¿qué puedo hacer para servir a Tus hijos?" Amma se alegró muchísimo al escuchar aquella pregunta, le dio a la muchacha una manzana y ceniza sagrada y le pidió que se lo diera a una mujer enferma que había venido al retiro pero que se encontraba demasiado enferma para asistir a los programas. Amma también le pidió a la muchacha que le dijera a esa señora: "Recuerda que Amma está siempre contigo."

La chica fue a la habitación de esta mujer y le dijo lo que Amma acababa de decir. Luego le aplicó la ceniza sagrada en la frente y le cortó la manzana, tratando de que se sintiera lo más cómoda posible. La mujer permaneció muy silenciosa todo ese tiempo. Finalmente le dijo a la muchacha que quería estar un rato a solas. Cuando se disponía a salir de la habitación, la mujer volvió a llamarla. Con lágrimas en los ojos le dijo: "Sabes, estoy enferma desde hace mucho tiempo, y estaba tan cansada de vivir así que esta mañana había decidido suicidarme. Justo en ese momento apareciste con este *prasad* de Amma. Ahora sé que Ella me quiere y piensa en mí y me siento capaz de intentar seguir adelante con mi vida. Simplemente quería darte las gracias."

La gente ha buscado innumerables maneras de escapar del dolor de vivir en este mundo, pero la mayoría de esos caminos no tienen salida. Sin saber a dónde dirigirse, a menudo acaban por desesperarse. Pero aquellos que han tenido la buena fortuna de descubrir a Amma han encontrado un auténtico refugio, una protección siempre presente y la divina compasión de un Mahatma viviente. Innumerables personas que durante años han vagado en un laberinto de ilusiones, sin saber a dónde dirigirse con sus penas, han encontrado en Amma una puerta abierta a la libertad. Después de cargar toda la vida con el peso del sufrimiento, por fin han sido aliviadas de esa carga. Amma les ha dado la paz.

Los grandes Maestros, que han alcanzado el estado de realización divina, ven la esencia de la belleza y de la divinidad en cada cosa y en cada ser como una personificación de la Divinidad. Tienen la misma visión del mundo de un niño inocente. Sin esfuerzo alguno ven su propio Ser en cada cosa.

Cuando Amma acude a los programas de *darshan* público en la India, siempre se encuentra con miles de personas. En algunas ocasiones, se dan cita más de 90.000 personas en una única sesión. Y aún así, Amma ve la divinidad en cada una de las personas que acuden a verla. Incansablemente otorga su amor divino a todos, ofreciendo el mismo amor y atención a cada uno, incluso después de veintidós horas de darshan ininterrumpido. Aunque su propio cuerpo sufra dolor, como ocurre a menudo, Ella siempre estará pensando sólo en las necesidades y el bienestar de los demás, y nunca en el Suyo propio.

En el programa de Mangalore del año 2004, Amma se sentó para ofrecer *darshan* a las seis y media de la tarde. Al día siguiente, a las cuatro de la tarde, Amma seguía sin desfallecer. No sólo estaba dando darshan; respondía preguntas, aconsejaba a la gente y preguntaba si los que todavía estaban en la cola para el *darshan* habían comido o descansado. Así de grande es Su compasión, que fluye incesantemente para consolar e inspirar a la humanidad.

El mismo año, mientras estábamos en Jaipur, Amma prometió ir a casa del gobernador para ayudarle a repartir dinero entre los pobres. Cada lunes, durante varias horas, se encontraba con unas 800 ó 1000 personas pobres y daba 1000 rupias a cada una. En el jardín trasero de la casa del gobernador vimos una cola de gente esperando pacientemente.

El gobernador era encantador, un hombre mayor vestido con traje de safari y zapatillas deportivas para poder servir más fácilmente a la gente. No cesaba de repetir una y otra vez: "Amma, Tú me has enseñado el camino, Tú me has enseñado el camino."

Era muy conmovedor ver a un hombre tan compasivo. Amma le pidió que le diera las direcciones de todos aquellos pobres y dijo que intentaría ayudarles de alguna forma. Él le contestó: "Pero, Amma, hay cientos de miles de personas como estas." Aún así Amma insistía que intentaría hacer por ellos lo que pudiera. Fue muy impresionante ver a tanta gente pobre, enferma o deforme reunida. Amma dijo que se quedó anonadada al verlos a todos. Amma puede ver un cuerpo muerto sin problemas, pero ver a toda aquella gente viva y sufriendo era demasiado.

Una joven tenía todo el cuerpo escayolado. Su marido y sus parientes la habían tirado a un pozo, porque no había llevado una dote suficiente a la familia. A otras personas les faltaba algún miembro. No pude reprimir las lágrimas cuando llegamos a la altura de dos niños que tenían grandes quemaduras. Uno de ellos tenía tres años. Sólo tenía una oreja y dos agujeros ovalados de carne en el lugar de los ojos. Era una visión desgarradora, algo que no se me borrará nunca de la memoria. Dijeron que como su familia no podía pagar el alquiler, habían incendiado su cabaña. Amma abrazó al niño y le preguntó su nombre. Le contestó dulcemente: "*Akash*", y se reía mientras Amma abrazaba suavemente su cuerpo deforme. Todos nos quedamos asombrados de que aún fuera capaz de reír. Tocaba el mala de *rudraksha* del cuello de Amma. Era desgarrador verlo; todos nos esforzábamos por contener las lágrimas.

En el coche estábamos hablando de la trágica visión de los niños quemados. Amma dijo de pronto que pensaba que las quemaduras se las habían hecho intencionadamente para atraer la simpatía de los demás y conseguir dinero. Se nos revolvió el estómago al pensar en lo que puedes sentirte impulsado a hacer a causa de la pobreza. Amma ha declarado a menudo en sus charlas que la pobreza es nuestro mayor enemigo. Después de ver esto, podía comprender realmente sus palabras.

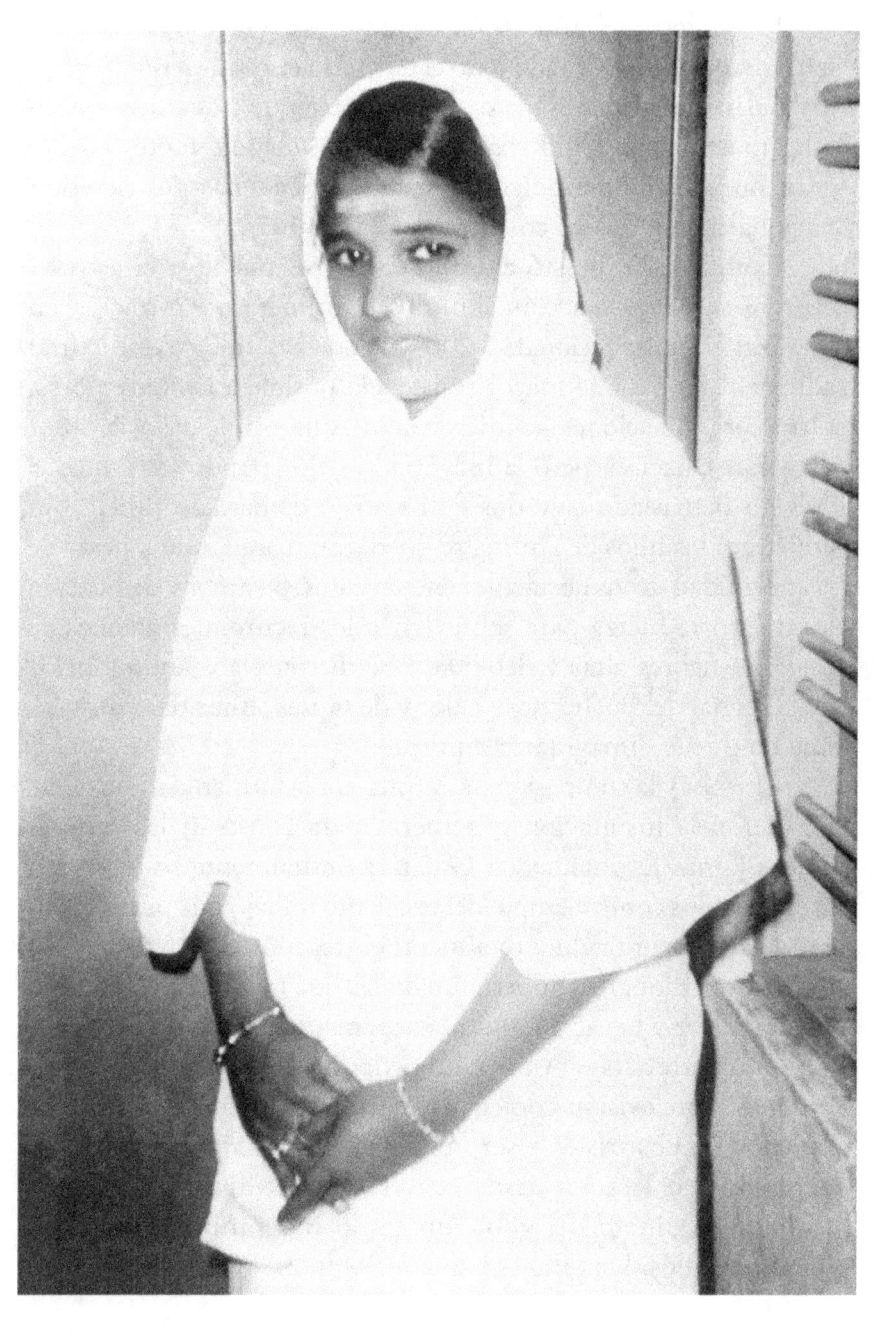

En febrero del año 2002 viajamos por Gujarat, donde un terremoto había devastado todo el territorio el año anterior. Amma iba a asistir a la ceremonia de inauguración de tres aldeas que el ashram había construido para las víctimas del terremoto, y había gran número de periodistas de prensa y cadenas de televisión nacionales interesados en entrevistar a Amma.

Como nadie prestó ayuda a esos tres pueblos, el ashram asumió su reconstrucción. Fuimos la primera organización en finalizar la construcción de 1.200 viviendas. El trabajo estructural adicional les daba la mayor resistencia posible a los terremotos. Otras organizaciones acudieron a la zona e iniciaron la labor de reconstrucción, pero la mayoría lo dejó cuando los costes se volvían demasiado elevados o el trabajo demasiado difícil. Sin embargo, los hijos de Amma se quedaron, batallando a pesar de la enormidad de los obstáculos encontrados. Su amor y dedicación les dieron la fuerza para sobrevivir a los recurrentes ataques de malaria, fiebres altas y debilidad. Siguieron trabajando a pesar de la lluvia, del bochornoso calor y de tantas situaciones difíciles que no pueden imaginarse siquiera.

El amor y la compasión de Amma por la humanidad sufriente les dieron la inspiración y la fuerza para construir las mejores aldeas jamás levantadas en Gujarat. Actualmente se muestran estos pueblos como ejemplo del excelente trabajo que puede realizarse gracias a individuos totalmente entregados. Sirven de modelo para los funcionarios gubernamentales que muestran cómo debe emprenderse y llevar a término eficazmente un proyecto.

Tras entrevistar a Amma, un periodista de una de las mayores cadenas de televisión comenzó a narrarnos, fuera de grabación, muchos hechos tristes y sorprendentes de corrupción y engaño ocurridos en la zona desde el terremoto. Muy pocos habían recibido el dinero del gobierno como indemnización por los daños sufridos. Una mujer había recibido 2.800 rupias, pero un ingeniero se había quedado con 2.000 rupias prometiendo trabajar en la reconstrucción de su casa, y aún así no le ofrecieron ninguna garantía de que se fuera a hacer algo por ayudarla. Fue triste escuchar los apuros de tanta gente.

El periodista estaba impresionado al ver lo que los voluntarios de Amma habían logrado con su inquebrantable dedicación. Quiso darnos todo el material que había recopilado durante su investigación para que alguien pudiera denunciar la corrupción y ayudar a esa gente. Amma aceptó de mala gana aquel material, pero yo sabía que no iba a utilizarlo. No va con su forma de actuar denunciar las faltas de los demás, sino simplemente ofrecer un buen ejemplo.

Aquella tarde estaba previsto celebrar *darshan* en una de las aldeas recién construidas de 700 casas. Cuando Amma llegó para empezar el programa, se presentaron miles de personas de la zona para darle la bienvenida. Habían decorado un simple carruaje tirado por caballos y querían que subiera a él como invitada de honor. Aunque por lo general no suele acceder a este tipo de honores, ante su inocente y amoroso gesto, Amma sonrió y humildemente accedió a su petición. Subió a su carroza y fue conducida con todos los honores por los aldeanos entre los gritos de miles de voces que exclamaban *"Om Namah Shivaya"* y *"Om Amriteshwaryai Namaha"*. Amma juntó las manos saludando a todos, mientras era escoltada al lugar donde se iba celebrar el programa.

Un testigo me contó que se había sentido muy conmovido con el batir de los tambores y los alegres gritos de los aldeanos. Cuando el carro de Amma apareció ante sus ojos, empujado por miles de manos, sintió que era como si el Señor Krishna hubiera aparecido glorioso en el campo de batalla de Kurukshetra; tan majestuosa era la visión de Amma así conducida.

Hubo numerosos discursos elogiosos de altos funcionarios del gobierno, que habían venido en avión para asistir especialmente a esta celebración. Pero más impresionantes que el mensaje de felicitación del Primer Ministro de la India eran las miradas de orgullo y gratitud reflejadas en los rostros de los aldeanos que habían recibido una vivienda. No sólo habían recibido casas nuevas, sino también la oportunidad de una nueva vida para ellos y sus familias. Con el amor por Amma brillando en sus ojos, se acercaron a Ella, ofreciéndole sus hijos pequeños para que les diera Su bendición. Se sentían muy felices de poder ofrecer a sus hijos la oportunidad de una vida feliz y un nuevo principio.

No siempre tenemos la ocasión de reconstruir un nuevo hogar o un futuro para los demás, como algunas personas de las organizaciones de Amma. Pero todos tenemos la posibilidad de abrir nuestra mente y nuestro corazón al amor de Amma y encontrar la inspiración para hacer algo bueno por el mundo.

La dulzura fluye de ti
Como un río que siempre fluye.
Tu bienaventurada gracia
Sin desecarse jamás
Mi corazón desborda de felicidad
A cada mirada
De Tu hermosa forma.

Y cada vez
Llenas mi copa sedienta.
Beber siempre de tu ambrosia
Es mi único deseo.
Me abrazas con amor
Y todo lo demás se desvanece.
¿Qué méritos he hecho
Para recibir Tu generosa gracia?
No sé de nada,
A no ser haberte amado.

Capítulo 5

La vida de Amma es Su enseñanza

> "*La Madre no hace ninguna distinción.*
> *Lo conoce todo como el Ser.*
> *La Madre ha venido por el bien del mundo,*
> *Su vida es por el bien del mundo.*"
>
> *Amma*

En cada acción que Amma realiza se puede encontrar una enseñanza suprema, que revela la compasión y el puro amor que da a todos. Su vida es Su mensaje. Es una escritura, un increíble ejemplo de fe, devoción y compasión por todos. Observándola en su totalidad, la vida de Amma es sin duda una de las revelaciones más grandes que la Divina Verdad ha dado nunca a la humanidad.

Aunque Amma sabe algunas palabras en muchos idiomas, no habla con soltura ningún idioma aparte del malayalam. La gente viene de todo el mundo para ver a Amma y pasar tiempo con ella. Algunos no hablan ni una palabra de inglés, y mucho menos de malayalam, pero sus corazones se sienten instantáneamente conmovidos ante la presencia de Amma. No es necesario entender ni una sola palabra de lo que dice Amma, porque Su abrazo lo comunica todo. El lenguaje que mejor domina es el del corazón.

Una mirada de Amma es suficiente para entrar profundamente en el corazón de la gente y cambiar su vida por completo.

Basta con una mirada de Amma. En una multitud de veinte mil personas, Ella puede tener la *sankalpa* (resolución) de que todos sientan su amor. Cuando mira a Su alrededor, cada una de las personas siente: "Amma me ha mirado y me ama". Esto es así porque Ella realmente nos ama a todos con ese amor puro nacido del desapego. El amor puro es la esencia de toda la existencia de Amma.

El amor de una madre la impulsará a hacer cualquier cosa por sus hijos. En la última gira americana, una niña se me acercó y me dijo: "¿Puedo preguntarte algo? ¿Cuánto mide la cintura de Amma?"

"¡Vaya pregunta difícil!, ¿cómo voy a responder?" me dije. Entonces ella me explicó: "No, no quiero decir cintura, sino *muñeca,* porque quiero comprarle una pulsera"[1].

Aliviada por la simplificación de la pregunta, le dije: "Bien, si eliges una pulsera elástica, le entrará en la mano". Así que la niña se puso alegremente a buscar una. Miró y remiró, y finalmente encontró una pulsera de plástico rosa que nadie había querido. No hacía ni media hora que la había puesto en la sección de cincuenta centavos, esperando que alguien la comprara rápidamente para quitármela de encima, porque no era precisamente una joya muy elegante.

Unos minutos más tarde la niña volvió con un ramo de flores y la pulsera de plástico rosa atada como una goma elástica a los tallos de las flores. Me dijo que iba a darle ambas cosas a Amma. Me sentí un poco horrorizada al pensar en qué condición estaría la pulsera cuando se la diera a Amma, así que le sugerí que la separara de las flores. Alegremente aceptó mi consejo y se marchó. Me quedé pensando en lo encantadora que era la niñita, pero lo horrible que era aquel brazalete de plástico.

---

[1] Nota del traductor. En inglés cintura es "*waist*" y muñeca "*wrist*". La similitud de ambos términos en inglés es la que provocó ese malentendido.

Al final del programa, cuando nos íbamos en el coche, vi que Amma llevaba puesta la pulsera de plástico rosa. Y la verdad es que parecía muy atractiva sobre la oscura piel de Amma.

Durante días y días Amma llevó la pulsera. Muchísima gente venía a decirme: "Quiero comprar esa pulsera rosa, valga lo que valga." Nadie había querido la pulsera; pero de pronto pasó de valer cincuenta centavos a tener un valor incalculable. El amor de esa niña inocente dio a la pulsera un valor incalculable. Amma había aceptado gentilmente la ofrenda del corazón de una niña.

Un año, Amma estaba dirigiendo la Atma *Puja* ante una gran muchedumbre en Europa. En esa ocasión, Amma invitó a los niños a sentarse con ella en el estrado durante la *puja*. A veces Amma los invita para mantener el interés de los niños, y también para que estén callados y se porten bien para que todos puedan beneficiarse de la *puja* sin que el ruido de los niños inquietos interrumpa la concentración Durante la *puja* Amma dio un caramelo a cada niño. Amma dobló meticulosamente los envoltorios de los caramelos haciendo pequeños barcos de papel y dio uno a cada niño. Casi al final de la *puja*, una niña comenzó a llorar en silencio porque su barco se había deshecho. Cuando terminó la *puja*, Amma se levantó y entró en el improvisado templo para prepararse para Devi Bhava. Lo primero que dijo fue: "Tengo que hacer otro barco para esa niña". Dijo que esa niña había mostrado mucha concentración y devoción durante el programa y que era poco habitual ver a una niña con tanta concentración. El amor hace de Amma la sirvienta de sus devotos. Así que todo se detuvo hasta que Amma hizo con sumo cuidado, en un par de minutos, otro barquito de papel para esta niña.

Detrás de cada acción que realiza Amma encontramos la base del amor. Su amor ilimitado no conoce fronteras y se extiende a toda la humanidad. Para nosotros resulta difícil comprender el concepto del amor puro, ya que nuestro amor siempre está vinculado a algún apego. Nuestro amor está enmarañado de preferencias, exigencias y regateos. Podemos amar a unos, pero no a otros. Solo Amma puede amar a todos por igual e incondicionalmente.

Cada día somos testigos de esta cualidad de Amma. Recuerdo los primeros tiempos, cuando Dattan, el leproso, venía al ashram para recibir el *darshan*. Cuando conoció a Amma no se le permitía ni siquiera viajar en autobús, a causa del hedor que emanara de sus llagas abiertas. Movida por Su compasión, Amma aplicaba tiernamente la saliva de Su lengua a sus heridas supurantes. Se dice que la saliva de un Mahatma es una potente medicina. Mientras otras personas se sentían asqueadas ante él, la Madre sólo podía mostrarle amor y cariño. Era increíble ver Su rostro, Su mirada de amor maternal, como si fuera Su hijo más querido.

Algunos creen que saben amar y puede que digan a otra persona: "Te quiero", incluso varias veces al día. Pero si fuera amor verdadero, ¿por qué habría que decirlo? Cuando el corazón está repleto, no hay nada que decir, ya que el amor verdadero está más allá de las palabras, se transmite en cada una de tus acciones y se derrama, abarcando a todos los que están cerca. Esa es la razón por la que mucha gente acude a Amma, porque Ella es la esencia del Amor Divino. Podemos buscar el amor en otro sitio, pero nada en la vida nos permitirá experimentar el amor puro que sentimos en presencia de Amma. Solo este amor puro puede sanar los corazones de la gente y acabar con sus sufrimientos.

En un reciente *darshan* público, muchas familias acudieron a Amma con el corazón lleno de dolor tras haber perdido a sus hijos en el incendio de una escuela infantil en Kumbhakonam, Tamil Nadu, en junio de 2004. Noventa y cuatro niños murieron, y los pocos que sobrevivieron sufrieron graves quemaduras. Los padres angustiados se acercaron a Amma, aferrando las fotos de sus hijos que habían muerto trágicamente. Algunos de los padres habían perdido incluso a dos hijos en el fuego.

Una de las madres lloraba inconsolable en brazos de Amma. Había perdido a su hijo. "¡Amma, concédeme la fortuna de poder ver de nuevo a mi hijo!" exclamó. "Amma, yo lo traje al mundo, lo he criado y he soportado todo el dolor, y ahora se ha ido. ¡Concédeme la gracia de verlo una vez más!" Amma la abrazó durante casi diez minutos, permitiendo que la mujer se agotara en Sus brazos. Todo el tiempo Amma estuvo secando las lágrimas de esta mujer y las suyas propias.

Se descubrió que cuando los niños murieron, estaban todos juntos, abrazándose unos a otros. En sus últimos momentos de vida se habían abrazado unos a otros. Amma espontáneamente abraza con fuerza a todo el mundo, porque conoce las necesidades de las personas que sienten miedo y un dolor profundo. El amor fluye de Ella naturalmente.

Lo más importante que Amma nos está enseñando es a saber amar. Es la cosa más grande que podemos aspirar a aprender, y sin embargo probablemente es lo que menos hemos comprendido. Es mucho más fácil aprender a meditar, entonar *mantras* o hacer seva que a amar de verdad. Pero si no aprendemos a amar, lo demás poco importa.

Hace muchos años Amma estaba hablando conmigo, y yo quería hablar de *tapas* y *vairagya*. Pero Ella volvía siempre al tema del amor. Me sentía algo molesta, ya que yo quería hablar de algo más "profundo" con Ella. Pero no había manera de que Amma se apartara del tema del amor. Finalmente Le dije: "¡Pero no quiero amor!" Amma me respondió: "Entonces, ¿para qué existes?" Está claro que, desde Su punto de vista, el amor no es únicamente la esencia de la espiritualidad; es la esencia misma de la vida.

Una vez alguien le preguntó por qué tanta gente se ponía a llorar durante el *darshan* con Amma. Ella explicó: "El amor es la esencia de cada ser humano. Cuando el amor les toca, cuando toca lo bueno que hay en ellos, puede desbordarse en forma de lágrimas. Es el amor y la dicha que están ocultos dentro de cada uno de nosotros. Amma es el catalizador que despierta esas cualidades. Los abrazos de Amma no son meramente físicos; su intención es tocar el alma."

En Calcuta, un adolescente se acercó a Amma. Un amigo suyo se había enamorado completamente de Amma y le había hablado de Ella, así que por curiosidad vino a recibir el *darshan*. Nada más poner la cabeza en el regazo de Amma, empezó a llorar. Sorprendido, le preguntó a Amma: ¿Qué me está pasando, por qué lloro?". Amma le respondió: "Hijo, cuando encuentras a tu *verdadera* madre, el amor que tienes dentro se expresa con lágrimas." Por fin podía comprender realmente el amor que sentía su amigo por Amma.

Cuando en cierta ocasión un periodista le preguntó a Amma por qué abrazaba a la gente, Amma le contestó: "Los seres humanos nacen para sentir el amor puro, pero nunca lo logran. Buscan experimentarlo desde el nacimiento hasta la muerte. El principal propósito de Amma al interactuar con los demás y abrazarlos es despertar el amor puro que hay en ellos. En el mundo actual, tanto los hombres como las mujeres necesitan la maternidad, el sustento del sentimiento maternal, la energía femenina. Al recibir esa energía, se volverán libres e independientes. La única manera de liberarse es sentir el amor en nuestro interior. Cuando Amma abraza a la gente, también les está transmitiendo una parte de Su energía espiritual, para que puedan despertar a ese amor puro."

Amma explica que ante cualquier problema que surja en la vida, la fe en Dios siempre nos ayuda a salir del apuro. Aunque esta enseñanza es evidente en prácticamente cada momento de Su vida, existe un ejemplo extraordinario de Sus primeros años. Una noche, poco antes de empezar el *Bhava darshan*, Su hermano,

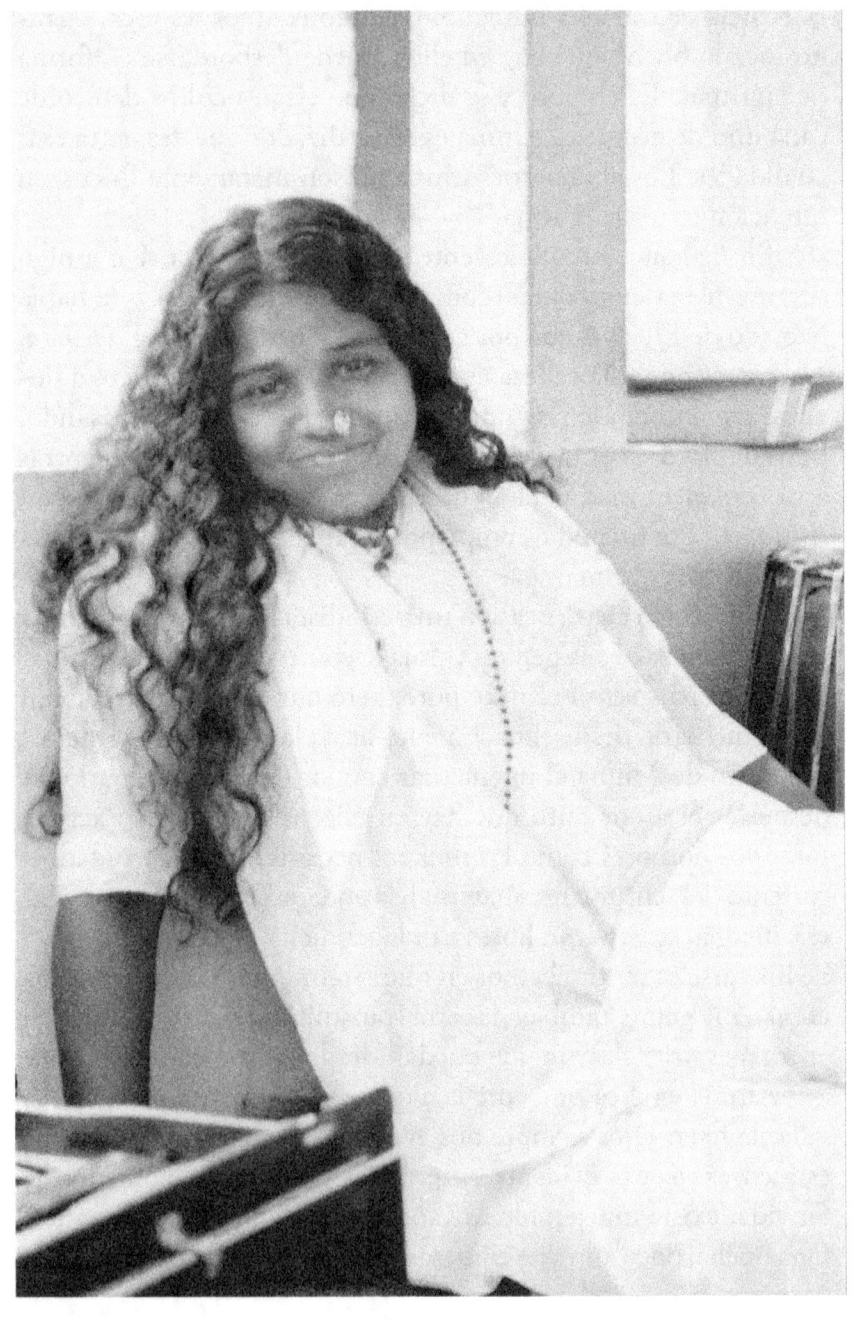

que se oponía a las actividades espirituales de Amma y que con frecuencia acosaba a los devotos que acudían al *darshan*, rompió todas las lámparas de aceite y derramó el aceite restante en la arena. Esas lámparas eran la única fuente de luz para el programa de toda la noche, así que ¿cómo podría celebrarse el *darshan*? Algunos devotos empezaron a llorar, preguntándose qué hacer, pero Amma les dijo que tuvieran fe y que simplemente fueran a la playa a recoger algunas conchas. Cuando se las trajeron, pidió a los devotos que pusieran mechas en las conchas y un poco de agua en lugar de aceite. Entonces les dijo que prendieran las mechas. Milagrosamente, aquellas lámparas se mantuvieron encendidas toda la noche.

Amma nos enseña a vivir felices en el mundo, afrontando con valentía los problemas de la vida. Nos recuerda que, aunque el sufrimiento existe en todas partes, la fe en Dios y en el *guru* es la única medicina que cura todas las enfermedades. Es como un bote salvavidas que puede llevarnos a través del océano del sufrimiento. No podemos escapar de los problemas. Puede que estemos destinados a sufrir, pero Amma nos enseña a afrontar los problemas con fuerza y coraje, a considerarlos como oportunidades para el crecimiento espiritual. Dice que si no hubiera problemas que afrontar, no habría crecimiento. Una fe fuerte da a nuestras vidas plenitud y paz mental, nos proporciona el coraje para capear las tormentas que podamos encontrar en nuestro camino.

A principios de 2004, Amma visitó por vez primera Surat, en el estado de Gujarat. Siempre es una ocasión emocionante e imprevisible cuando Amma realiza un programa en un nuevo lugar. Nunca sabemos cuánta gente vendrá, ni si permanecerá tranquila o agitada. Pero en todos estos años viajando con Amma, he visto cómo han ido creciendo las multitudes, y cómo ha aumentado el entusiasmo de la gente, la desesperación incluso, por encontrarse con Amma. Desde luego así ocurrió en Surat.

El lugar donde se iba a desarrollar el programa estaba muy cerca de donde nos alojábamos. Esto era cómodo por un lado, pero cuando Amma quiso dar *darshan* privado a unas cuantas personas, se presentaron casi dos mil procedentes del lugar del programa. La avalancha de la gente era incontrolable. Acabaron por ocupar toda la casa y bloquear las escaleras, sin aceptar moverse por ningún motivo. Decían que no se irían hasta que hubieran visto a Amma y recibido su *darshan*.

Uno de los *brahmacharis* intentaba contenerlos al final de la escalera, mientras el resto de nosotros estábamos atrapados, arriba o abajo. Nadie podía subir ni bajar. Las puertas plegables de cristal de la habitación de Amma temblaban, y temíamos que se rompieran debido al histérico gentío que empujaba contra ellas desde el exterior. Amma quería dejar entrar a la gente para el *darshan*, pero los otros insistían en que era muy peligroso, porque la multitud era impredecible.

Amma estaba sentada en la cama y pidió un lápiz. Cogió cada uno de los paquetes de *vibhuti* que había en la bandeja de la habitación y comenzó a escribir muy atentamente "*Om Namah Shivaya, Om Namah Shivaya*" en cada uno de ellos. Mientras escribía, la Madre parecía encontrarse en otro mundo. Yo sentía que, de alguna manera, estaba canalizando la tensión o resolviendo la situación.

No hubo ningún cambio en la actitud de la gente que bloqueaba el camino. Como nos estábamos retrasando, Amma decidió de repente que simplemente iba a salir y dirigirse al programa. Todos nos alarmamos cuando Amma apareció en la puerta. Temíamos que los empujones de la gente la hirieran, pero empezó a abrirse paso entre la frenética multitud y bajó las escaleras abrazando a todos los que encontraba en el camino. Mientras otros intentaban empujar y apartar a la gente, Amma atraía a cada persona a sus brazos, y acabó por salir de esta difícil situación literalmente a base de abrazos. Yo iba tras Ella, impresionada al ver a Amma, como es su costumbre, aceptarlo todo y atraer hacia Ella a todos, rodeándolos de amor, tan distinta de las personas normales como nosotros que rechazamos y apartamos a empujones.

La multitud era bastante ruda. Uno de los *brahmacharis* que había ido por delante quedó atrapado entre la gente. Miró a su alrededor y vio que uno de los devotos llevaba alrededor de las piernas una tela amarilla parecida a su *dhoti*. ¡Al mirar hacia abajo, descubrió que era su propio *dhoti* el que envolvía las piernas de esa persona!. Le habían arrancado el *dhoti* en aquel completo caos.

Cuando llegamos al coche, estábamos todos agotados tras haber batallado abriéndonos paso entre la multitud. Pero Amma se las había arreglado para abrirse paso sin forcejear, abrazando a la gente en lugar de apartarlos a empujones. Más tarde, alguien le comentó a Amma lo violenta y agresiva que había sido la multitud y lo asustado que se había sentido pensando en nuestra seguridad. Pero la visión de Amma era completamente distinta. Nos sorprendió al decir: "La verdad es que fue muy hermoso ver el amor de toda esa gente. La mayoría no había visto a Amma antes, y sin embargo estaban todos dispuestos a esperar tanto tiempo sólo para ver a Amma un momento. Tenían mucha devoción."

Swami Vivekananda dijo en una ocasión: "En mi insignificante vida he comprobado que las buenas intenciones, la sinceridad y el amor infinito conquistan al mundo." Amma, a su manera única, humilde y tan sencilla, está convirtiéndose en una de las grandes conquistadoras de este mundo. No con una espada en la mano, sino abrazando al mundo con amor.

No deseo ningún gran regalo
Sino tan solo amarte siempre con humildad.
No deseo la liberación ni la inmortalidad,
Eso se lo puedes dar a otros.

Estoy preparada para renacer incontables veces,
A soportar incontables sufrimientos,
Si me prometes
Residir siempre en mi corazón
Y enseñarme a amarte.

Capítulo 6

El apego al Guru

*"No pienses que te encuentras físicamente alejado de la Madre.
Deja de escuchar tu mente
Y sentirás al momento a Amma en tu corazón.
Entonces sabrás que Amma jamás te ha olvidado,
Que siempre has existido en Ella y siempre lo harás."*

Amma

Varias veces al año, Amma sube a un avión y vuela hasta el otro extremo del mundo, dejando desconsolados a sus hijos de la India. Mientras una parte del mundo sufre la agonía de su partida, otra parte se regocija con su llegada. Las acciones de un alma que ha realizado a Dios nunca pueden ser egoístas; siempre serán sólo por el bien del mundo. En ese acto de dejar atrás a Sus hijos, Amma les está dando la oportunidad de fortalecerse por medio de la afligida añoranza que sienten por Ella. Su devoción se vuelve más profunda y firmemente arraigada debido a la desgarradora ausencia física de Amma; Su partida hace que muchos La encuentren en su interior.

En el mundo occidental, Amma aparece como un aliento de aire fresco para una persona que se está ahogando. Consuela y alivia los sufrimientos de los que se queman en el fuego de la existencia mundana. Para mucha gente que acude a verla, por fin hay un rayo de esperanza en sus vidas vacías. Gente que nunca ha creído realmente en Dios tiene por fin alguna fe que le sirve de sostén. Estas innumerables almas se alegran de tener a Amma nuevamente entre ellas. Han estado anhelando que Amma los abrace y que Sus caricias alivien la carga del dolor acumulado viviendo en el mundo, apartados de Ella durante tanto tiempo. Corazones afligidos en la India, corazones llenos de alegría en Occidente: todos los corazones están llenos sólo de Ella.

A lo largo de los años que Amma ha estado viajando a Occidente, ha ido creciendo el número de personas que La visitan en cada lugar. En los corazones de muchos ha florecido una vida de devoción y amor hacia Dios al contacto con Ella. Ver cómo las personas van cambiando con los años ha sido como ver abrirse los pétalos de una flor para saludar al sol. Muchos han abierto su corazón y su vida para acoger en lo profundo de su interior a Amma, por medio del amor y la devoción que han desarrollado por Ella.

Una chica que empezó a visitar a Amma durante Sus primeras giras por Estados Unidos solía aparecer desaliñada, con sus rastas despeinadas al viento mientras bailaba de felicidad durante los bhajans de Amma. Después de estar con Amma durante un tiempo, comenzó a envolverse en una sábana blanca. Nunca tenía dinero, y era lo más parecido que pudo encontrar a llevar un sari blanco: tenía muchísimas ganas de ser una de las hijas de Amma. Ahora, unos años después, tiene un objetivo muy claro y decidido en su vida. Se ha transformado en una bonita joven que estudia medicina para poder servir a Amma trabajando en el hospital AIMS al servicio de los pobres.

Toda la creación se siente atraída por Amma. Igual que las personas, también los animales y los insectos La encuentran irresistible. Cuando estábamos en Trivandrum hace poco, yo estaba sentada detrás de Amma en el escenario y me di cuenta de que había una abeja posada sobre Ella. Otra abeja bajo Su sari quería estar aún más cerca. Luego, en medio de los *bhajans,* repentinamente se giró y me entregó su varilla de madera, con la que marca el compás.¡Por un instante se me paró el corazón, pensando que me iba a pedir que dirigiera el *bhajan!* Pero luego me di cuenta de que había una abeja al extremo de la varilla. Amma quería proporcionarle un lugar seguro tras haber recibido Su bendición, igual que haría por cualquiera de Sus hijos que buscan refugio en su regazo. Llevé la varilla al borde del escenario y allí observé cómo la abeja echaba a volar alegremente.

En otra ocasión vi una mariposa posarse en la guirnalda de Amma durante un Devi Bhava y pensé: "¡Qué hermosura! Toda la naturaleza quiere acudir al *darshan*." Y dejé que siguiera allí. Cuando se hubo saciado, se echó a volar, pero a los dos minutos volvió a por más. Me empecé a irritar un poco, ¡todo el mundo sabe que sólo está permitido un *darshan* y no dos, independientemente del número de patas o alas que tengas!

Como la mariposa y la abeja que se acercaron a Amma, esta atracción que sentimos por Ella puede verse también como apego. Aunque generalmente se considera que el apego dificulta nuestro desarrollo espiritual, el vínculo que establecemos con el *guru* aceleran nuestro progreso espiritual y abre nuestro corazón. Amma dice que es importantísimo establecer un vínculo de amor, fe y entrega con nuestro *guru*. Todas las austeridades que podamos hacer no nos ayudarán a progresar tanto como el desarrollo de un vínculo con el Maestro perfecto, ya que finalmente sólo la gracia del *guru* puede destruir nuestro ego.

Podemos pasar muchas horas meditando o haciendo todo tipo de austeridades. Podemos estudiar las escrituras durante años y aprender a recitar miles de *mantras*, pero nada de todo esto es garantía de que alcanzaremos la meta de la realización del Ser. Cuando creamos un nexo de amor con el *guru*, jamás podemos abandonarlo. Esta conexión perdura vida tras vida y acabará por conducirnos a la meta.

Para establecer un vínculo con Amma no es necesario estar siempre ante Su presencia física. Aunque algunos crean que los residentes del ashram tienen una mayor conexión con Ella, eso no es necesariamente cierto. En los últimos años, Amma no ha permanecido más de dos meses seguidos en el ashram. Cada pocos meses se marcha de gira en India o en algún otro lugar del mundo. Los residentes que se quedan allí deben aprender a mantener una sólida unión con Amma durante Su ausencia física. Los que viven alejados de Ella pueden llevar una vida tan orientada hacia la espiritualidad como los que viven con Amma en el ashram. Podemos establecer una relación con Amma y progresar espiritualmente allí donde nos encontremos.

Una devota de Bombay me contó una historia sobre una amiga suya. Era una mujer que no había visto nunca a Amma y decidió hacer un viaje al ashram de Amritapuri para conocerla. Se mostraba un tanto escéptica respecto a Ella, pensando que prestaría mayor atención a los ricos y famosos que a la gente pobre. La devota no quiso influir en su amiga expresándole su propia opinión. Pensó que sería mejor dejar que experimentara el *darshan* de Amma para que pudiera ver por sí misma el amor y la ecuanimidad de Amma hacia todos. Así que permaneció en silencio.

Cuando llegaron a la estación de tren local, un viejo maletero se acercó a ellas. Cuando se dio cuenta de que iban a Amritapuri dio muestras de una gran alegría. Les dijo que era uno de los devotos favoritos de Amma y que Ella le amaba muchísimo. De hecho, dijo, cada vez que visita el ashram de Amma, Ella le hace sentarse a Su lado durante un buen rato. ¡Dijo que tenía que visitar a Amma cada semana, pues de lo contrario Ella le echaría mucho de menos!

Al escuchar esto, la amiga escéptica no pudo evitar sentirse conmovida. Aunque a los ojos del mundo este maletero era simplemente un pobre viejo, Amma le tenía un gran amor. Al desarrollar un vínculo de amor tan fuerte, Amma lo estaba guiando por el camino espiritual. Su sencilla vida estaba repleta de felicidad por esta atención especial de Amma.

Amma establece ese vínculo con cada uno de nosotros, pero tenemos que poner algo de nuestra parte. Eso no significa que tengamos que estar siempre sentados cerca de Ella o sirviéndola personalmente. Si La recordamos con amor, fe y devoción, ese vínculo se irá fortaleciendo. Por ejemplo, las *gopis* de Vrindavan no practicaban ninguna austeridad o meditación, sino que realizaban todas sus acciones –lavar la ropa, cocinar, cuidar de los niños, hacer mantequilla, traer agua del río– recordando a Sri Krishna, incluso imaginando que todo lo hacían para Krishna. Finalmente se fundieron en Él, dado el poder de su fe y entrega.

En cierta ocasión, Amma contó una hermosa historia sobre una de las *gopis* y su amor por Krishna. Cuando esta *gopi* escuchó el sonido de la flauta de Krishna en el bosque, quiso correr para estar con Krishna; pero su marido la agarró y no la dejó marchar. Estaba tan afligida que era como un pez fuera del agua, estremeciéndose y tan afectada por no poder estar con Krishna, que en ese mismo instante y lugar abandonó su cuerpo. Su marido se quedó con el cuerpo que quería, pero su alma ya se había unido a Krishna.

Para Amma no hay diferencia alguna entre la vida espiritual y la mundana, ya que ve a Dios en todo. Nosotros también deberíamos esforzarnos por tener esa visión suprema.

Hace muchos años, cuando llegué por vez primera al ashram, Amma me dijo: "Hay que desarrollar el apego, o bien por Amma o por el ashram." Mientras que la mayoría de la gente elige a Amma, extrañamente elegí desarrollar ese apego por el ashram.

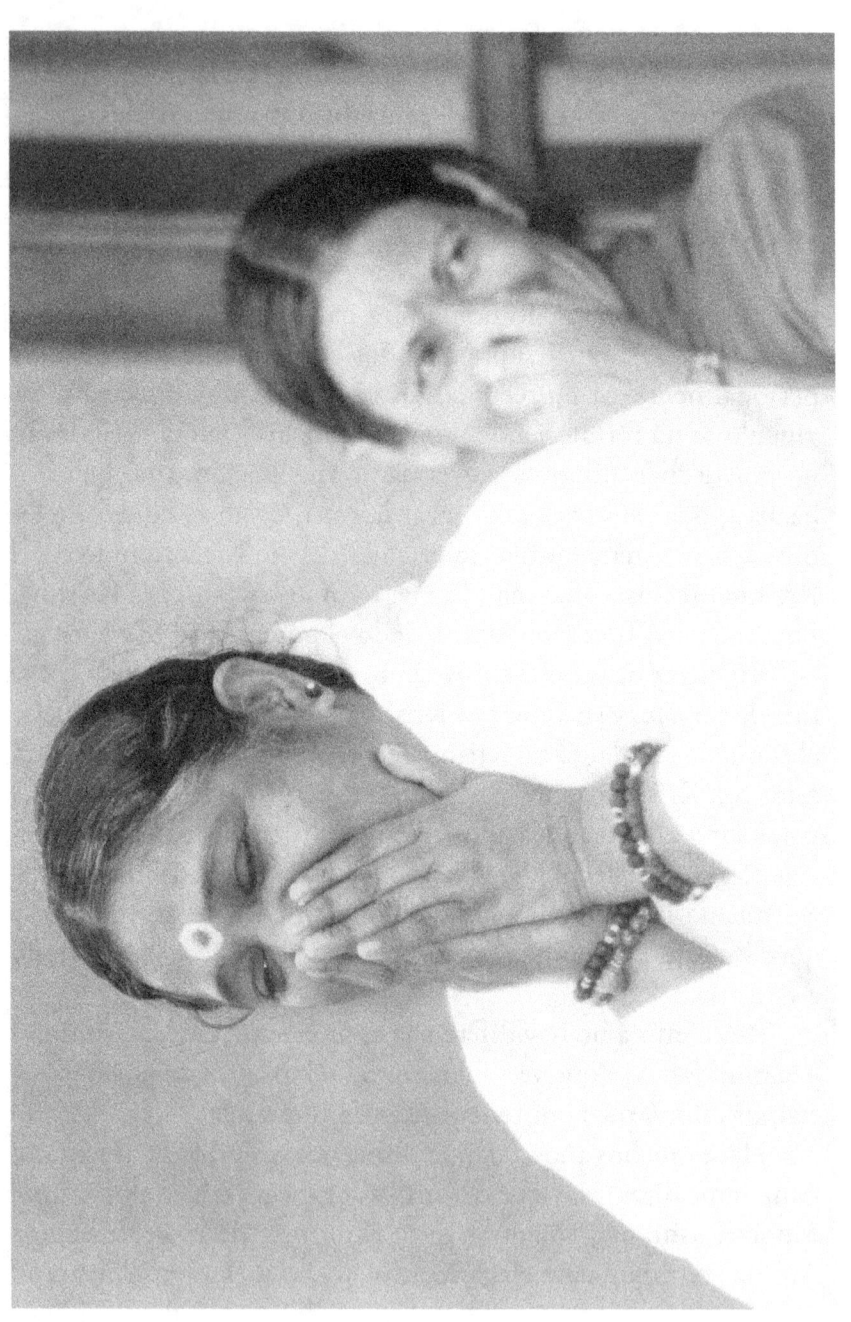

Tradicionalmente se entiende que el ashram es una extensión del cuerpo físico del *guru*. El guru no está confinado al cuerpo, ya que es el principio cósmico supremo inherente en cada átomo de la creación. En mi vida he comprobado que si actúas sinceramente respecto el ashram, eso te acercará a Amma.

El apego que podamos tener hacia Amma no es como cualquier otra clase de apego. Los apegos al prestigio, la fama o el dinero crearán obstáculos espirituales, mientras que el apego a Amma fortalecerá nuestro crecimiento espiritual. El apego a la forma del *guru* es como una escalera que puede conducirnos a las alturas de la realización del Ser. Cuando alcanzamos el tejado ya no necesitamos la escalera. Amma permite que sintamos apego por Su forma con la intención de elevarnos cada vez más hacia la meta. Cuando alcanzamos ese objetivo, estamos preparados para abandonar el apego a la forma física.

La Madre siempre dice que si deseamos desarrollar el amor por Ella, no deberíamos apegarnos únicamente a la forma física; debemos intentar atraparla en nuestro interior y entonces siempre La tendremos. Si tan sólo amamos la forma externa de Amma, ese amor puede desaparecer, ya que es muy inconstante al estar basado en las ondas de la mente. Un día nos enamoramos porque Amma nos ha prestado atención; y al día siguiente descubrimos que no lo estamos, cuando pensamos que nos ignora.

Un poco de amor por Amma no basta para mantenernos firmemente arraigados en el camino espiritual. Debemos tener una fe fuerte e inamovible combinada con devoción. La verdadera devoción no tiene nada que ver con la adoración mecánica, el emocionalismo o el fanatismo. Tampoco se trata de seguir los mandatos de otro sin emplear el discernimiento. La auténtica devoción es un florecimiento del amor puro desde el alma, es la gracia que llega como resultado de nuestros esfuerzos.

El fuerte vínculo que establecemos con el *guru* nos puede ayudar a superar las situaciones desafiantes y a sobrevivir los tiempos difíciles. Este apego fortalece nuestra fe y nos ayuda a saber entregarnos.

En junio de 2000 hubo un terrible incendio en el ashram de San Ramón, en California, durante uno de los programas de Amma. Varias personas resultaron heridas. Aquella noche Amma fue a visitarlas al hospital. Nunca he visto a gente tan entregada en una situación tan horrible. Parecían tener una fe y confianza total en Amma y en su destino.

Amma les dijo que donde quiera que se encontraran en el mundo, esto tenía que ocurrir y que hubiera sido mucho peor si les hubiera sucedido en otro lugar. Dijo: "Nuestro camino es el camino de la cruz. Podemos tener dudas, o bien tener fe y entrega y salir fortalecidos con ello. La vela se derrite cuando se expone al calor, como el hielo se funde en el agua. Pero cuando se queman la suciedad, se vuelve como la arcilla cuando se endurece, y se hace fuerte." Les dijo que si se postraban con devoción y entrega a los pies del *guru*, esta experiencia les haría mucho más fuertes.

Uno de ellos admitió que, al principio, de camino al hospital, sintió dudas y se mostró enfadado respecto a Amma, preguntándose por qué Amma había permitido que esto sucediera mientras estaban haciendo *seva*. También le contó a Amma que al llegar al hospital, cuando los médicos estaban raspando la piel quemada, el dolor era muy intenso. Repentinamente su corazón se sobrepuso a la mente y simplemente se derritió; en ese instante supo que debía aceptar lo ocurrido, que debía entregarse. Su devoción por Amma venció al cuestionamiento de su mente, e incluso a su dolor. Tras restablecerse por completo, regresó al verano siguiente a hacer el mismo *seva* en la cocina. Su devoción y entrega en aquella difícil situación fue una gran enseñanza y un motivo de inspiración para todos nosotros.

La Madre dice que el camino de la devoción es sin duda alguna el más fácil. El Señor Buda dijo una vez: "Solamente a través de la devoción y nada más que con la devoción podremos realizar la Verdad Absoluta. La Verdad Absoluta no puede alcanzarse en la esfera de la mente ordinaria, y el camino que se encuentra más allá de la mente ordinaria es el del corazón. Este camino del corazón *es* la devoción."

En los primeros tiempos, Amma nos decía que no deberíamos meditar en Su forma, sino que teníamos que elegir otra forma para nuestra meditación. Decía que deberíamos anhelar algo que no tuviéramos, y como estábamos viviendo con Amma, la teníamos allí con nosotros todo el tiempo. La Madre puso el ejemplo de que si cometíamos un error y ella nos reñía, nos sería difícil sentarnos a meditar en su forma después, ya que el ego reaccionaría al ser reprendido.

Dado que los occidentales normalmente creemos en un Dios sin forma, le pregunté a Amma: ¿Cómo podemos concentrarnos en Dios con forma cuando creemos en el aspecto sin forma? Amma contestó: "Simplemente finge sentir devoción y un día llegará de verdad."

Pensé en todas las diferentes formas de Dios y finalmente elegí a Krishna como forma para la meditación, pero no podía encontrar por ninguna parte una imagen de Él que verdaderamente me gustara. Alguien tenía la única imagen por la que me sentía atraída, pero no quería dármela. Un día, sintiéndome muy frustrada, recé y clamé a Krishna: "No puedo encontrar una imagen Tuya. He mirado por todas partes, pero no Te encuentro. Así que tendrás que venir a mí."

Aquella noche salimos del ashram para celebrar un programa. Cuando acabaron los *bhajans*, fuimos a una de las casas vecinas, ya que era costumbre que los devotos nos prepararan una comida. Cuando entramos en la casa, vi dos fotografías idénticas de

Krishna en la pared, una al lado de la otra. La forma de Krishna era hermosa y me sentí inmediatamente atraída hacia ella. Como había dos fotos no me sentí cohibida al pedirles una. Los propietarios de la casa me la dieron de buena gana. Esta se convirtió en mi foto para la meditación. Sorprendentemente, Krishna había oído mis oraciones y se me apareció esa misma noche. Incluso más de veinte años más tarde, esta foto todavía sigue en mi habitación.

Solía fingir que sentía devoción por Krishna; intentaba desarrollar el amor hacia Su forma. En otra ocasión, fuimos a una casa de Cochin para un pequeño programa. Recuerdo que estaba sentada, intentando meditar en presencia de Amma. Permanecí totalmente concentrada durante un buen rato. De repente, una visión de Krishna me llegó con firmeza a la mente, y con lágrimas en los ojos sentí el amor por Krishna crecer en mi corazón.

En aquellos primeros años solía meditar en la veranda de la sala de meditación. Recuerdo que mientras meditaba lloraba y lloraba al pensar en Krishna. Esto resultaba bastante sorprendente para mí, así que le pregunté a Amma: "¿Es esto devoción o simple sentimentalismo?" Respondió: "Es un poco de sentimentalismo, pero es sobre todo devoción. Ser capaz de llorar por Dios es como tener el billete ganador de la lotería". Había creído en las palabras de la Madre sobre fingir tener devoción, y efectivamente llegué a sentirla.

Una vez que desarrollamos el amor y la devoción hacia Dios, es algo que nunca podemos perder. Aunque a veces disminuya, nunca nos abandona. Este ha sido uno de los mayores regalos que me ha hecho Amma.

Cuando el Maestro abre nuestro corazón más íntimo y nos ofrece una vislumbre de la esencia de nuestra verdadera naturaleza divina, entonces una ola de gozosa gratitud fluye en dirección a quien nos ayudó a verlo. Cuando descubrimos nuestro verdadero

Ser, anhelamos y sentimos respeto por el Maestro que nos ayudó a florecer en nuestro corazón.

He desechado los adornos de este mundo
La única joya que deseo llevar
Es la preciosa guirnalda de la devoción por Ti.
Mis lágrimas de amor por Ti
constituyen la verdadera riqueza
En este falso mundo ilusorio.

Todo desaparece
Cuando contemplo Tu forma de loto azul.
Señor de la Compasión
¿Cómo podrá no conmoverte mi corazón roto?
No pido nada
Tan sólo tocar Tus pies de loto
Y el amor por Ti
Que siempre me acompañe.

Las nubes de la ilusión
No pueden penetrar más en mi mente.
Han sido desterradas
Por Tu forma protectora
Que reside en mi mente.
Todos mis deseos
Se han desvanecido

Capítulo 7

Viaje sagrado

*"Al principio es beneficioso para
Los buscadores espirituales ir de peregrinación.
Un viaje con sus dificultades les ayudará
A comprender la naturaleza del mundo."*

Amma

Hace unos años, al final del Devi Bhava, *Swami* Ramakrishnananda se acercó y me preguntó si todavía tenía mi permiso de conducir. Le respondí afirmativamente. Entonces me pidió que fuera rápido a preparar algo de equipaje, pues Amma iba a salir del ashram y quería que fuera con Ella.

A primera hora de la mañana salimos furtivamente del ashram y nos marchamos en el coche de Amma. No tenía ni idea de a dónde íbamos, pero poco importaba ya que estábamos a punto de emprender una maravillosa aventura con Amma. *Swami* Ramakrishnananda conducía, yo le acompañaba delante y Amma iba recostada en el asiento trasero. Después de un corto trayecto por la carretera de la costa, Amma me dijo que cogiera el volante. Me alegré de no haber comido nada aquella noche, ya que de lo contrario habría sentido un terrible dolor de estómago. Hacía diez años que no conducía un coche, pero esperaba que fuera algo que nunca se olvida, como dicen de montar en bicicleta. De todos modos, sabía que en el asiento de atrás había una buena conductora, y que si no recordaba qué era cada pedal, por Su gracia sin duda llegaríamos a nuestro destino.

A esas horas de la noche no había mucho tráfico en las carreteras, así que conducir resultó bastante fácil. Nos dirigimos a nuestro destino, que para entonces ya se había decidido que fuera Kanvashram, un pequeño *ahsram* en medio del bosque en Varkala, a unas dos horas de distancia. Cuando llegamos al ashram, el joven portero no quería abrir la puerta, pues el anciano *swami* que habitaba aquel lugar le había ordenado que no dejara pasar a nadie.

Le dijimos al portero que era Amma la que quería entrar, pero no comprendió de qué Amma se trataba. Nos dijo que únicamente abriría las puertas con un permiso escrito del abogado a cargo de los asuntos legales del ashram. Afortunadamente el abogado vivía cerca, así que *Swami* Ramakrishnananda fue con el coche a conseguir el permiso, dejándonos a Amma y a mí alegremente sentadas en el suelo rocoso, Amma recostada en mi regazo mirando las estrellas.

Llegaron algunas personas madrugadoras de aquella zona y Amma se puso a conversar amorosamente con ellas un rato. Nos empezaron a hablar de los gatos monteses que vivían por allí, comentando que no sólo se abalanzaban sobre la gente y la mordían, sino que se abalanzaban sobre ti y te arañaban la cara con sus afiladas garras. Era como contar historias de fantasmas a los niños antes de acostarse, pero yo me sentía segura bajo la protección de la Madre Divina del universo.

Finalmente llegó *Swami* Ramakrishnananda con una nota que nos permitía entrar en el ashram. Cuando el viejo *swami* acudió a la puerta y se dio cuenta de que era *esta* Amma a quien le habían negado el paso, casi le da un ataque. Estaba sumamente disgustado por haber hecho esperar a Amma fuera tanto

tiempo. Dijo que éramos bienvenidos, pero lamentaba que todas las habitaciones estuvieran cerradas y no tenía las llaves, así que no había un lugar adecuado para que nos quedáramos. El único sitio disponible era un refugio sin paredes con el techo de paja. Amma dijo que con eso bastaba, y cuando nos guió hacia allí, Amma se rió alegremente y repitió el *mantra* sánscrito "*Tyagenaike amritatvamanashuhu*" (Sólo la renuncia nos dará la inmortalidad). Este mantra es el lema del ashram de Amma y contiene la esencia de Su vida y Sus enseñanzas. Si Amma lo deseara, podría disfrutar de cualquier lujo del mundo, pero ahí estaba, feliz de dormir en el suelo de cemento de una cabaña abierta.

Extendimos una fina sábana de algodón y me tumbé cerca de Amma, mientras *Swami* Ramakrishnananda se tendía un poco más lejos. Había asumido el papel de guardián, y como protección contra los gatos salvajes encontró una rama de escoba de palmera, dejándola a su lado por si acaso nos atacaban.

Cuando sólo llevábamos cinco minutos acostados, oímos un ruido. Amma se incorporó diciendo: "¡Son los gatos! ¡Son los gatos!" El *Swami* y yo nos levantamos de un salto, presa del pánico. Un momento después todos nos miramos y luego reímos y reímos, ya que no había sido más que un pequeño ruido en la selva. Después de pasar un rato tendidos otra vez, la escena se repitió. Ocurrió varias veces más. Nos parecía desternillante y seguimos riéndonos más que dormir.

Pero una de esas veces se acercó de verdad la bestia salvaje. Escuchamos un crujido amenazador entre las hojas cerca de nosotros. El *Swami* se levantó rápidamente, armado con su escoba y listo para abalanzarse sobre el gato salvaje antes de que este se abalanzara sobre nosotras. Yo también me levanté y caminé de puntillas con mi linterna tamaño lapicero... ¡y ahí estaba! "¡Sí, ahí está la bestia salvaje!", dijimos mientras pasaba ante nosotros una vieja perra tambaleante. La pobre perra parecía haber parido a cientos de perritos en su vida. Seguimos riéndonos al verla, y por último renunciamos a intentar dormir más. ¿Para qué dormir cuando estábamos con Amma?

A la mañana siguiente Amma pidió a *Swami* Ramakrishnananda que regresara al ashram de Amritapuri, ya que no quería que ningún *brahmachari* pensara que mostraba favoritismo hacia ninguno. Me quedé a solas con Amma. Este era el deseo secreto del corazón de cualquier discípulo, estar un día a solas con su *guru*.

Como no había cuarto de baño, decidimos tomar nuestro baño matutino en el estanque del ashram. El agua estaba un poco marrón y turbia, pero fresca y vivificante. A Amma le encantaba estar en el agua y flotaba alegremente sobre su espalda en la postura del loto. Yo me contentaba con quedarme al borde del estanque y ver a Amma flotar pacíficamente, saboreando su tiempo en soledad en el agua. Cuando salimos del agua estábamos más sucias que cuando entramos, ya que el cieno marrón se pegaba a nuestra piel. Pero no nos preocupó en absoluto, porque ese día no teníamos que asistir a ningún programa ni acto oficial, y podíamos permitirnos no presentar nuestro mejor aspecto.

Amma estaba encantada de encontrarse en la naturaleza, y miraba a menudo los árboles y el cielo, mientras decía qué hermoso era todo. En los últimos años, apenas tenía la oportunidad de mirar al cielo sin una multitud que La rodeara. Aquí se encontraba la Creadora del universo admirando Su propia Creación.

Habíamos planeado permanecer fuera dos días, pero a media mañana Amma ya estaba sintiendo la pena de todos Sus hijos que había dejado atrás y que la echaban de menos. Cuando me senté junto al estanque con Amma por la tarde, comenzó a cantar tristemente un *bhajan:* al cielo, a las rocas y al agua, a toda la Creación. Mientras cantaba, las lágrimas le corrían por el rostro. Yo me preguntaba por qué lloraba. ¿Lloraba por todos nosotros que estábamos atrapados en las garras de maya? ¿O por aquellos

que no podían llorar por Dios, ofreciendo Sus lágrimas por ellos? ¿O quizás estaba llorando por el egoísmo tan profundamente arraigado en nosotros que Ella ha tratado de disolver sin conseguirlo a lo largo de los años?

Finalmente Amma se levantó y dijo: "Vamos a volver. Los hijos están muy tristes; no pueden soportar la ausencia de Amma". Yo me quedé realmente sorprendida. Amma podía haber permanecido allí disfrutando de la paz y la soledad en aquel hermoso lugar, lo que era una rara oportunidad. Pero, ¿alguna vez ha antepuesto Amma Su propia alegría o bienestar a la tristeza de los demás?

Marchamos de vuelta al ashram. Mientras conducía parecía que toda clase de obstáculos se presentaban para probar mi habilidad al volante. En un momento dado apareció un elefante encabezando un desfile con mucha gente. Afortunadamente me las arreglé para no chocar con nada.

Cuando nos encontrábamos a medio camino del ashram, un vehículo que venía en nuestra dirección empezó a tocar el claxon, y vimos que el conductor agitaba frenéticamente los brazos para que paráramos. Uno de los residentes había decidido investigar nuestra desaparición y había alquilado un taxi para buscarnos. Amma se rió un poco como una niña traviesa y dijo: "¡Oh no, nos han pillado!" El residente estaba terriblemente disgustado, porque habíamos salido del ashram sin informar a nadie. Se subió al coche y regresó con nosotras a casa.

Cuando llegamos al ashram todos los residentes estaban alineados en silencio, con los rostros iluminados de devoción esperando ver un instante a Amma mientras pasábamos en el coche. Me pregunté si se daban cuenta de la magnitud del amor de Amma por ellos, que le había hecho sacrificar esa preciosa oportunidad de pasar unos días en soledad. Amma y yo entramos con el semblante serio, pero en el interior de mi corazón yo seguía sonriendo con la alegría y los preciosos recuerdos de nuestras risas y de los momentos especiales que habíamos pasado juntas.

Más tarde nos enteramos de que en realidad no hay gatos salvajes en Varkala en esa época del año. ¡Y todavía renuevo mi permiso de conducir cada año, por si acaso!

Mi corazón Te lo ofrece todo,
Pero mi mente vuelve a escabullirse en el mundo.
Despiértame de este sueño enloquecido.
Te he dado mi corazón,
Pero mi mente y mi corazón se quedan vacíos en este mundo.

Nada tiene ya ningún sentido,
El mundo ha perdido su dulzura.
El único consuelo que encuentro
Es en mi anhelo por Ti.

Océano de Compasión,
Por favor, derrama unas pocas gotas de consuelo
Para este alma desdichada.

Capítulo 8

La vida es nuestra sadhana

"La sadhana no debe realizarse para liberarse uno mismo,
Si no para ser lo bastante amoroso, compasivo
Y comprensivo con los demás y así acabar
con el sufrimiento del mundo.
Tenemos que hacer nuestro corazón tan grande
que sintamos el sufrimiento de los demás como propio,
Y trabajar para aliviar ese sufrimiento."

Amma

La mayoría de la gente piensa que la *sadhana* consiste sólo en realizar ciertas prácticas espirituales, como la meditación, *japa,* cantar bhajans o recitar *mantras.* Sin embargo, si deseamos alcanzar realmente la meta de la realización de Dios, la *sadhana* no puede verse como una acción desvinculada de nuestra vida. Nuestra vida debería ser nuestra *sadhana,* no sólo las pocas horas del día que dediquemos a determinadas prácticas espirituales.

Nuestra respuesta a cada circunstancia debería considerarse *sadhana.* Amma dice que podemos valorar nuestro progreso espiritual en función de cómo reaccionamos cuando las cosas no van bien. ¿Nos enfadamos rápidamente o somos capaces de adaptarnos y acomodarnos a la situación? Deberíamos practicar la manera correcta de actuar en cualquier situación y en todo momento.

Amma tiene un dominio total de cada situación: nada puede desconcertarla. Nos proporciona el ejemplo perfecto de que, con auténtico discernimiento, siempre seremos capaces de realizar la acción correcta en el momento adecuado.

En los primeros tiempos en el ashram no seguíamos un horario fijo; hacíamos el trabajo que había que hacer y pasábamos el resto del tiempo con Amma. Pasados unos años, Amma nos pidió que estableciéramos un horario y lo respetáramos. Al principio fue todo un desafío para nosotros, pero intentamos seguir Sus instrucciones lo mejor posible.

Amma siempre nos animaba a seguir con regularidad y concentración nuestra *sadhana*, y era muy creativa a la hora de disciplinarnos. A veces hacía una incursión de buena mañana y golpeaba en nuestras puertas para despertarnos si no habíamos acudido al *archana*. Los días siguientes tratábamos de asistir con regularidad por temor a Amma, aunque resultaba duro seguir con regularidad nuestras prácticas con el intenso horario de actividades de Amma.

A veces, cuando se sentaba a meditar con nosotros, Amma colocaba a Su lado un pequeño montón de piedrecillas. Cuando veía que alguien se dormía o perdía la concentración, le lanzaba una piedrecilla con una puntería perfecta. Este era un método ingenioso para mantenernos a la mayoría despiertos y alerta.

En una ocasión, Amma nos propuso seguir un programa de meditación de ocho horas diarias. Sin embargo, la mayoría nos encontramos incapaces de seguirlo. La Madre le había dicho a alguien: "Les hago permanecer sentados durante tanto tiempo para que vean cómo culpamos a los demás de todos nuestros problemas. Pensamos que todos los problemas proceden de fuera, pero realmente vienen de dentro, de nuestra propia mente. De esta forma podemos ver que es la mente la que genera todos los problemas. Desde el mismo comienzo de la vida espiritual podemos comprender que todas nuestras dificultades proceden de la mente".

Cuando llegué al ashram tenía el deseo de ser capaz de trabajar duro todo el día y pasar toda la noche llorando por Dios. Eso es lo que Amma solía hacer. Me imaginaba realizando prolongados ayunos, pasando horas inmersa en profunda meditación o practicando grandes austeridades, mientras me mantenía perfectamente inmóvil en una postura de yoga, de pie sobre una pierna. Pero la realidad fue que esas cosas no sucedieron. En cambio, me encontré trabajando horas y horas limpiando aseos o cortando verduras, y quedándome dormida muchas veces durante la meditación.

Me di cuenta de que, aunque deseemos practicar grandes austeridades, no tenemos la voluntad necesaria para hacerlo. Podemos tener exaltados sueños y fantasías sobre llegar a ser perfectos aspirantes espirituales, pero en nuestra época la mayoría de nosotros no tenemos la perseverancia y la autodisciplina para ser capaces de hacer muchas *tapas*. Después de sólo cinco minutos de intenso llanto por Dios, podemos encontrarnos con que nuestra mente se ha distraído con algún asunto mundano. Todas las lágrimas pueden secarse y los pensamientos devocionales desaparecer de nuestra mente mientras empezamos a considerar cuánto tiempo falta para nuestra próxima comida.

Dado que la mayoría de nosotros no podemos pasar mucho tiempo realizando grandes austeridades, debemos fijar una meta más fácil para nuestra *sadhana*. Mostrarse bondadoso con los demás es una práctica superior a todas las austeridades de este mundo. Simplemente ser amable con la gente, ayudar a alguien sin que nos lo pida, y sobre todo si nos lo pide, puede suponer una enorme diferencia. ¿Qué utilidad tienen las prácticas espirituales si no nos ayudan a ser más compasivos y a servir mejor al mundo? Casi todos los días durante años y años, Amma cantaba el bhajan *Shakti Rupe*, que dice así:

> *"¿No resulta extraño si,*
> *Tras caminar con reverencia alrededor del templo,*
> *Al llegar a la puerta echamos a patadas a los mendigos?*
> *¿No es acaso un abuso del Camino del Conocimiento?*
> *¿Qué sentido tiene pensar en ti, Madre,*
> *Si al hacerlo herimos al prójimo?*
> *Oh Madre, ¿qué necesidad hay de servirte,*
> *Si mientras pensamos en Ti servimos a los demás?*
> *¿No es acaso lo mismo que karma yoga?"*

Amma jamás trataría de imponer sus enseñanzas a nadie, pero al cantar este bhajan de profundo significado, día tras día, la enseñanza empieza a ser asimilada.

Una vez alguien le preguntó a Einstein qué era lo más importante que había aprendido de la historia de las religiones del mundo, y él contestó: "Lo más grande que he aprendido es a mostrar un poco de bondad". Amma nos recuerda a menudo que si no podemos ayudar a otros económicamente, al menos podemos sonreírles, consolarlos con palabras amables e intentar mantenerlos de buen ánimo. Todas estas acciones pueden convertirse en prácticas espirituales que nos ayuden a purificarnos.

No todo el mundo puede servir físicamente. Los que tengan la capacidad de hacerlo deberían hacerlo, y los que no puedan deberían proyectar pensamientos positivos. A menudo se dice que los pensamientos son más poderosos que las acciones. Se nos ha dado el cuerpo y la mente no sólo para nuestro propio uso, sino para aprender a servir al prójimo. Intentemos dar lo más posible de nosotros mismos para el beneficio de la humanidad. Amma siempre está dando lo mejor de Ella misma, ofreciéndonos un perfecto ejemplo a seguir.

En sus primeros años, Amma pasaba días y noches pensando en Dios y recordándole en cada una de Sus acciones. Cuando terminaba Sus deberes escolares, realizaba Sus tareas domésticas

en la casa de Su familia. Pero no se detenía ahí. Iba a muchas casas de la aldea para hacer también todas las tareas del hogar.

Damayanti Amma nunca le pidió a Amma que hiciera todo este trabajo; lo hacía por voluntad propia. Su madre se alegraba de que Amma trabajara duro, pero no le agradaba tanto cuando desaparecían cosas de su casa. En casa de Amma solían decir: "Estés hambriento o no, come; pues si no comes, Sudhamani cogerá la comida y se la dará a alguien, ¡y cuando tengas hambre te encontrarás sin nada!". Todos temían que si La dejaban ver alguna cosa buena que pudieran tener, Ella se la daría a alguien más necesitado.

Damayanti Amma solía cuidar las vacas, que eran bien conocidas por la leche de gran calidad que producían. Era una mujer muy honesta y honrada, no como otras que vendían la leche aguada para obtener más ganancias. De hecho, Damayanti Amma era tan honesta que antes de verter la leche en una vasija para llevarla a vender, lavaba la vasija y secaba hasta la última gota de agua antes de poner la leche. Quería asegurarse de que no hubiera nada de agua en la leche, ya que su buena reputación era muy importante para ella. Así que todo el mundo sabía en el mercado que, si la leche procedía de la casa de Damayanti Amma, era realmente pura.

Cada día se mandaba a uno de los hijos a llevar la leche al mercado para su venta. Cuando le tocaba el turno a Amma, cogía la leche e iba directamente a casa de alguien que no podía comprarla. Hervía algo de leche y se la ofrecía. Luego reemplazaba con la misma cantidad de agua. Después visitaba otras casas y hacía lo mismo. Cuando llegaba a la tienda y entregaba la leche al tendero, la leche estaba extremadamente aguada. El tendero no dijo nada unos días, pensando que quizás la vaca estaba enferma. Finalmente tuvo que ir a la casa a ver a Damayanti Amma. Se sentía muy mal por tener que hablarle de esto, ya que su honradez era bien conocida y no deseaba acusarle de aguar la leche. Damayanti Amma llamó a Amma y le gritó: "¿Qué le hiciste a la leche?" Amma contestó tranquilamente: "Como había gente que no tenía leche, se la di a ellos".

Desde temprana edad, Amma sabía que la espiritualidad se expresaba a través de la acción. Si alguien necesitaba algo y Ella podía ayudarles, lo hacía. A Amma no le asustaban los castigos, pues sólo encontraba algo de paz de espíritu si hacía todo lo posible para ayudar a los que sufrían.

Hubo una vez un gran yogui que ponía toda su atención en cada una de las tareas que realizaba, por muy trivial que fuera. Ponía el mismo cuidado en limpiar una vasija de cobre que en adorar a Dios en el templo. Este gran yogui era siempre el mejor ejemplo del secreto que reveló en una ocasión sobre la manera correcta de realizar las acciones. Dijo: "El medio ha de ser amado y atendido como si fuera el fin mismo".

Amma dice que las prácticas espirituales no son meros ejercicios físicos, sino disciplinas que, en última instancia, deberían armonizar nuestra mente e intelecto con el Ser Supremo. A los que realicen su *sadhana* con la intención y actitud correctas, les llegará todo sin pedirlo.

En estos tiempos a menudo resulta difícil mantener la concentración. Nuestra mente se dispersa con muchas cosas, pero es nuestro deber intentar controlarla. En todos los aspectos de la vida, uno debe mantener una fuerte disciplina para tener éxito. La disciplina espiritual no es sino el recogimiento de la mente dispersa. Mientras exista el más mínimo deseo, la mente no puede fundirse con Dios. La verdadera meditación es un flujo ininterrumpido de pensamientos hacia Dios, pero ¿cuántos de nosotros somos capaces de permanecer totalmente concentrados en Dios? Hasta que no hayamos alcanzado la meta, estaremos sólo practicando y preparándonos para el verdadero estado de meditación.

Amma recomienda mantener el equilibrio en nuestras prácticas espirituales. Un año, durante la gira por el norte de la India, dijo que el *satsang* junto con la meditación son necesarios incluso para los *yoguis* retirados en las cuevas del Himalaya. De lo contrario, ellos también podrían caer en el engaño. En los *satsangs* hablamos de cuestiones sagradas y entonamos *mantras* juntos. Esto purifica la mente y también la atmósfera. Sin *satsang*, somos como árboles al borde de la carretera, que sin darse cuenta van recogiendo el polvo del continuo tráfico.

Algunos dicen que no deberíamos realizar acción alguna, puesto que éstas crean nuevos *vasanas*. Sin embargo, la mente permanece activa hasta cuando meditamos. La mente es simplemente otra esfera de acción. Así que deberíamos dejar que al menos nuestras acciones sean de alguna utilidad para el mundo, realizando servicio desinteresado. Amma ha dicho: "Hacer prácticas espirituales sin realizar acciones desinteresadas, sería como construir una casa sin puertas, o una casa sin un camino de entrada."

En los primeros años, un *brahmachari* montó un estudio de fotografía en el ashram y comenzó a editar fotos. Pero había un problema: por desgracia, tenía una enfermedad en los ojos y no veía muy bien. Pedí permiso a Amma para ayudarle a hacer las fotos, porque veía que era mucho trabajo para él. Sólo llevaba una semana ayudando con las fotos cuando Amma de pronto me dijo que me responsabilizara de esa tarea. Me quedé totalmente sorprendida. Le dije a Amma que no estaba interesada en hacerme cargo del laboratorio de fotografía, y que solamente quería ayudar. La respuesta de Amma fue: "¿Quién puede ayudar a quién?"

Pasé mucho tiempo tratando de comprender lo que había querido decir la Madre con estas pocas palabras. Era como una afirmación vedántica, sobre la que me parecía que podía pasar muchos años reflexionando para tratar de absorber su pleno significado. Tras escuchar las palabras de Amma, no tuve otra elección que hacerme cargo de las fotos. Teníamos una vieja ampliadora medio rota de segunda mano, y empleábamos los productos químicos para el revelado a temperatura ambiente. No tenía ni idea de cómo se hacía este trabajo, pero simplemente estaba dispuesta a aprender todos los pasos. Sólo más adelante me di cuenta de que casi nadie utilizaba este primitivo método para revelar e imprimir fotografías a color, pero por la gracia de Amma las fotos salían, normalmente, mejor que en la mayor parte de los estudios profesionales de fotografía.

Después de diez días ocupadísimos revelando fotos, no había encontrado tiempo para meditar. Me sentía mal por ello y se lo dije a Amma. Ella me contestó: "Este trabajo es tu meditación. No sabes lo afortunada que eres. La gente de todo el mundo llora por ver la forma de Amma y tú la tienes delante de ti todo el tiempo. Esta *es* tu meditación".

Amma siempre nos habla de lo importante que es tener una meta en la vida. Esto se dice a menudo expresamente en la vida espiritual, pero a menos que tengamos una experiencia personal, quizás no nos demos cuenta de lo vital que es. Sólo a través de una experiencia personal podremos comprenderlo realmente. Para mí eso fue lo que ocurrió con mi *sannyasa*.

Hace muchos años me propusieron que tomara *sannyas*. Me quedé totalmente anonadada. Nunca había pensado en ello para mí, aunque cuando me pidieron que reflexionara, me di cuenta de que mi vida estaba totalmente orientada hacia lo espiritual. Cuando conocí a Amma, quería tener niños y viajar; pero desde que la encontré todos estos deseos simplemente se desvanecieron. Pero, aún así, no me veía digna de *sannayas*. Entonces alguien sugirió: "Bien, trata de ser digna de ella".

La idea me sorprendió, pero era totalmente lógica, así que desde aquel momento y a lo largo de seis meses mantuve ese objetivo en mi mente: intentar ser digna de ella. Siempre había algo ahí, dando vueltas en mi estómago, y en mi fuero interno estas palabras diciendo constantemente: "Intenta ser digna". Era un tira y afloja continuo. Un pensamiento me decía: "¿Cómo puedes fingir ante el mundo que eres digna de esto?" Pero otra parte de mí decía: "Tu vida no tiene otro sentido". Estos pensamientos me ayudaron a esforzarme mucho para hacerlo todo correctamente.

Empecé a comprender por qué era tan importante tener una meta. Al tener esta meta, todo lo que me apartaba de ella simplemente se quedaba por el camino. Tenía algo importante para lo que quería intentar prepararme en mi vida, y quería ser digna de ello.

Pasados seis meses, se me informó de que Amma me ofrecía *sannyas*. La noche anterior a la ceremonia, Amma me llamó a su habitación y me preguntó sólo una cosa: "¿Está tu corazón abierto para esto?" Después de haber recapacitado y de intentar prepararme durante tanto tiempo, honestamente pude decirle: "Sí". Le pregunté a Amma qué podía hacer para intentar cambiar, y Su respuesta fue: "Lee los libros de Amma". Es un buen consejo para todos nosotros, ya que es algo que podemos hacer fácilmente.

Todas las prácticas espirituales van encaminadas a darnos concentración, y así poder alcanzar pureza mental y fundirnos con Dios en el estado final. A pesar de que debemos mantener prácticas espirituales para tratar de disciplinarnos y agudizar nuestra conciencia, he descubierto por mí misma que el mejor camino hacia la meta es el servicio desinteresado. La mayoría de nosotros tenemos mentes *rajásicas* y no podemos concentrarnos en la meditación durante largos periodos de tiempo; pero puede que nos encontremos capaces de trabajar intensamente durante horas. La Madre nos ofrece muchas oportunidades para alcanzar la pureza mental a través de la realización del servicio desinteresado, algo que todos podemos practicar estemos donde estemos en el mundo.

Oh, mente mía,
¿Por qué no quieres ser mi amiga?
Podríamos ser muy felices juntas.
¿Por qué deseas sumergirte en las profundas y oscuras aguas de maya
Durante tanto tiempo,
Sin desear siquiera salir de nuevo a la superficie
A por ese aire puro que está siempre esperando?

Sabes que residir en Dios nos hace a las dos más felices
Que ninguna otra cosa que podamos conocer.
¿Qué puedo hacer para convencerte?
¿Qué puedo hacer para que compartas siempre conmigo esa felicidad?

¿Por qué anhelas permanecer en el cenagal de este mundo
En lugar de volar por los cielos claros y puros?
Oh mente mía,
Te daría todo lo que quisieras
Si me dejaras permanecer un poco más
Con mi Bienamado,
El de los ojos azul de loto,
Que tan a menudo me llama gentilmente con Su flauta.

Sólo por pasar ese poco más de tiempo con Él
Te daría cualquier cosa.
Oh mente mía,
Las dos tenemos la oportunidad de morar en paz.
¿Por qué no quieres venir allí conmigo?

Capítulo 9

El servicio desinteresado

> *"Trabaja desinteresadamente con amor.*
> *Entrégate a todo lo que hagas.*
> *Entonces sentirás y experimentarás*
> *La belleza en cada esfera de actividad.*
> *El amor y la hermosura están en tu interior.*
> *Exprésalas a través de tus acciones*
> *Y sin duda alguna alcanzarás la fuente misma de la felicidad."*
>
> *Amma*

Cuando llegué donde Amma por primera vez, quería aprender a llevar una vida espiritual. Había visto lo transitoria que era cualquier clase de alegría encontrada en la vida mundana y sentía que sólo la vida espiritual me daría la verdadera felicidad.

En aquellos primeros tiempos, los pocos discípulos que vivíamos con Amma no éramos tan disciplinados como ahora. Poco sabíamos de lo que significaba llevar una vida espiritual y sólo deseábamos vivir cerca de Amma, estar siempre a Sus pies. Después de los primeros años de estancia en el ashram, la Madre empezó a insistir en la idea de "servicio". Todos nos mirábamos sorprendidos, ya que todavía no sabíamos lo importante que iba a ser el servicio en nuestra vida. En aquel tiempo, el principal modo de expresión del amor de Amma era Su *darshan*. Ninguno de nosotros sospechábamos que se convertiría en una de las mayores benefactoras de la humanidad de la historia.

A medida que pasaba el tiempo y Amma insistía más y más en el servicio desinteresado, nuestro deseo de servir al mundo creció y floreció gradualmente a partir de la pequeña semilla que Ella había plantado en nuestros corazones, y que fue alimentando tiernamente con Su amor y Su atención. Actualmente, nuestro mayor deseo ha pasado a ser servir a los demás. En los corazones de todos los que fuimos a vivir con Amma al principio, ha surgido una íntima oración: "Amma, danos la fuerza y la pureza para servir al mundo".

Uno de mis momentos más memorables con Amma fue cuando viajábamos en coche tras finalizar un largo programa de darshan. Eran las primeras horas de la mañana y todos estábamos muy cansados. Pero como Amma nunca está demasiado cansada para dar otro *darshan*, invitó a un adolescente a viajar en el coche con Ella. El chico se sentó a Su lado y dijo: "Amma, por favor, prométeme que algún día te tomarás unas vacaciones".

Amma se rió y acercó la cabeza del chico a Su hombro. Luego dijo: "Hijo, estas *son* las vacaciones de Amma. Venimos a este mundo sin nada y nos vamos de nuevo sin nada. El cuerpo enfermará, aunque descansemos mucho, y cuando llegue su hora se desplomará, hagamos lo que hagamos. Intentemos al menos hacer algunas cosas buenas en la vida, algo bueno para el mundo mientras estemos aquí, para intentar mostrar nuestra gratitud".

Me sentí muy afortunada de escuchar estas palabras. Aquella situación me recordaba las enseñanzas del Señor Krishna a Arjuna en el campo de batalla. Amma era el *guru* Divino que impartía palabras de sabiduría al discípulo, la madre amorosa que aconsejaba a su bienamado hijo, y también la amiga íntima que da un buen consejo. Pensar en aquellas pocas frases era reflexionar sobre todas las grandes enseñanzas espirituales dichas en pocas palabras.

Verdaderamente Amma es uno de los más grandes Mahatmas que han caminado sobre esta Tierra, aunque oculte Su grandeza bajo un sencillo sari blanco.

Amma nos recuerda que un día este cuerpo se desgastará, que algún día, todos moriremos. ¿No es mejor que el cuerpo se desgaste haciendo algo bueno, en lugar de dejar que se oxide sin más? Aunque nos sentemos tranquilamente intentando meditar, los pensamientos seguirán llegando continuamente a la mente. Por lo tanto, deberíamos intentar emplear nuestro cuerpo y nuestra mente de forma que beneficie a los demás.

Para la mayoría de nosotros resulta difícil conseguir la concentración mental con otras formas de *sadhana*. Así que el servicio desinteresado se convierte en nuestra principal práctica espiritual. Quizás no tengamos la suficiente atención para ofrecer al Señor todos nuestros pensamientos durante la meditación, así que nuestro trabajo tiende a pasar a ser nuestro culto y ofrenda sagrada. Amma nos proporciona los medios para alcanzar una mente pura y concentrada a través del servicio desinteresado, y está constantemente tratando de inspirarnos para vivir de acuerdo con este principio.

Todo lo que tomamos de la vida nos crea en cierto modo una deuda kármica. Debemos tratar de encontrar alegría en la vida pagando esa deuda con amor y gratitud. No debemos permanecer ociosos, sino trabajar duro aprovechando nuestros talentos. Tenemos una gran capacidad de talentos ocultos en nuestro interior que tienen que ser aprovechados y utilizados para el servicio. La vida es un don precioso que se nos da para que realicemos buenas acciones en el mundo, y no para satisfacer nuestros placeres sensoriales. No malgastemos nuestros dones y talentos.

Un año, en la gira del Norte de la India visitamos Mananthavadi, que Amma siempre llama *Anandavadi* o "lugar bienaventurado". Mientras el coche de Amma ascendía por la colina, los *adivasis* estaban esperando para darle la bienvenida tradicional. Danzan llenos de alegría delante del coche. Las ancianas iban vestidas de blanco. Su ropa estaba vieja y gastada, pero revoloteaba en torno a ellas mientras bailaban alegremente para Amma. Ella había llegado para una visita de tres días para enjugar sus lágrimas y librarlos de sus cargas, que no eran pocas.

La vida es dura para esta gente que vive en las montañas de Kerala, cultivando té y café. La mayoría de la gente no tiene trabajo. A menudo se pudren sus cosechas en las colinas, ya que no hay nadie que las compre. La bajada de los precios en otras partes del mundo ha acaparado todo el negocio. Cuando se puede comprar en otra parte por menos dinero, ¿quién piensa en dar trabajo a los pobres sólo porque lo necesiten? Muy poca gente, desgraciadamente. Los pobres agricultores no encuentran quién les compre las cosechas, y sin demanda no pueden contratar a nadie.

Mientras subíamos lentamente la colina en el coche de Amma, las danzarinas agitaron las manos en el aire con sencillos gestos. Un anciano bajito de unos ochenta años también quería bailar para Amma. Sujetaba un paraguas con una mano y, sin tanta gracia como las mujeres, daba saltos arriba y abajo, y el turbante rosa descolorido que llevaba añadía comicidad a la escena al bambolearse con sus movimientos. Uno de los organizadores trataba de apartarlo continuamente, pero siempre se las arreglaba para ponerse de nuevo delante del coche.

Amma decía que aquellas personas tenían la inocencia de los niños. La gracia del Maestro se obtiene con una actitud inocente. Estos pobres aldeanos comprendían las bendiciones de un Ser Divino que estaban recibiendo, así que sus corazones, mentes y cuerpos bailaban de alegría, bañados en la dulzura del amor de Su Madre Divina. Amma dijo que, durante el *darshan*, mucha de esta gente Le ponía en la mano una sola rupia ganada con mucho esfuerzo. Inspirados por Amma, ellos también querían dar, aunque no tenían nada. Su moneda de una rupia sin duda alguna se transformaba en oro, ya que era todo lo que tenían, más valiosa que los millones de quien tiene mucho.

Todos nos alegramos siempre de visitar este lugar en el que el aire y el paisaje son tan limpios y puros, y es una alegría contemplar la dulzura y la sencillez en los rostros de todos. Durante el programa de Amma, la aldea y sus alrededores se convierten en su ashram itinerante. La gente se atarea por todas partes, atendiendo a las necesidades de los demás. Los *mantras* inundan el aire, bien en la forma de cánticos sánscritos o con el canto de bhajans estáticos que glorifican el nombre de Dios. Sus vibraciones purifican toda la región, quizás todo el país, e incluso probablemente el mundo entero.

El primer día del programa miré por la ventana de mi habitación y vi que hacía un día precioso, que fuera había un mundo maravilloso. Veía la fila de voluntarios en la cantina. Sonrientes servían raciones de comida, sencilla y nutritiva, a las personas hambrientas que hacían cola para recibirla. Aquellos devotos eran felices sirviendo a otros devotos. ¿Qué mayor bendición que la de alimentar a los devotos de Dios? La gente se sentía feliz al recibir aquella comida, pues sabían que las pocas monedas que pagaban por ella irían destinadas a ayudar a los que sufren, a través de la red de proyectos caritativos de Amma.

¡Qué increíble ciclo de servicio ha creado Amma! Verdaderamente es una situación en la que "todos ganan". Los que trabajan duro haciendo algún servicio se ven recompensados en el futuro por un buen karma, además de la gratificación instantánea. Los que dan dinero para adquirir algo, se alegran con lo que compran, además de saber que todos esos fondos van destinados a una buena causa. Generan buen karma al proporcionar el dinero para el servicio. Y la gente pobre que recibe la ayuda caritativa de Amma, obtiene la recompensa de verse ayudada gracias a sus acciones anteriores. Este ciclo de servicio proporciona felicidad a todos.

Nunca sabemos cómo nos va a afectar el servicio desinteresado. Sin duda, sólo para mejor, y en algunos casos puede que incluso nos salve la vida. Hay una historia sobre dos hombres que viajaban juntos un día terriblemente frío. La nieve caía copiosamente y los dos hombres estaban al borde de la congelación. Entonces se encontraron con otro hombre medio muerto caído en la nieve. Uno de ellos propuso salvar al hombre semicongelado, pero su compañero siguió adelante, diciendo que era preferible que se salvaran ellos.

Sin escuchar el consejo de su amigo, recogió al moribundo y se esforzó por avanzar, cargando el cuerpo congelado en la espalda. Avanzó con dificultad con esta pesada carga y algún tiempo después se topó con su anterior compañero; había muerto congelado. Pero el hombre compasivo había entrado en calor gracias al esfuerzo de cargar con el extraño sobre sus espaldas; y el desconocido recibió ese calor y empezó a revivir. Por su acción bondadosa y desinteresada, salvó la vida de ambos.

El Seva puede dar un nuevo significado a nuestra existencia. Una anciana de Chennai de ochenta y seis años sufría una depresión y no encontraba ninguna razón para levantarse por las mañanas, ni para vivir siquiera. Había querido ayudar en algunas organizaciones de servicio locales, pero sólo aceptaban donaciones económicas. Entonces decidió confeccionar unas pequeñas bolsas portamonedas y donarlas a Amma para que el dinero de su venta se destinara a obras caritativas. Esta mujer tenía la cadera rota y, sorprendentemente, seguía utilizando a su edad una vieja máquina de coser de pedales. Aunque parecía un trabajo duro para ella, estaba entusiasmada con la idea de ser capaz de aportar algo físicamente para ayudar a los demás. Este trabajo le devolvió el sentido a su vida. Cada mañana, llena de alegría, estaba deseando hacer algo nuevo. En una ocasión envió algunas bolsas para que se las dieran a Amma durante el *darshan*. Amma dijo que podía sentir el amor con el que habían sido hechas las bolsas. Se quedó un buen rato mirándolas alegremente y envió *prasad* a la mujer que las había confeccionado, ya que la anciana no podía viajar para ver a Amma.

La gente dispuesta a hacer servicio desinteresado es más valiosa que el oro. Un residente del ashram me comentó una vez que conocía una gran organización caritativa que contaba con sólo cien miembros permanentes para ayudar a hacer todo el trabajo de servicio. Alguien les había dado un cheque por una buena cantidad, pero la organización respondió diciendo: "No necesitamos dinero, preferimos que nos ofrezcáis cinco colaboradores desinteresados. Esto tendría muchísimo más valor para nosotros". El dinero va y viene, a menudo se puede conseguir fácilmente; pero es muy difícil encontrar gente que trabaje desinteresadamente.

"Nuestra riqueza reside en lo que podemos hacer por los demás", dijo Sir Edmund Hillary, famoso por la gran proeza de ser uno de los primeros hombres en escalar el monte Everest y también por ser uno de los primeros en alcanzar el Polo Norte y el Polo Sur. Para la mayoría de la gente no podría haber meta más grande que escalar la montaña más alta del mundo o llegar a los confines de la tierra. Pero cuando le preguntaron cuál era su mayor logro, Sir Edmund Hillay ni siquiera mencionó estas cosas. Dijo que para él su mayor logro había sido ayudar a los sherpas, los nativos de las tribus de Nepal. Y añadió: "Cuando rememoro mi vida, tengo muy claro que las cosas más meritorias que he hecho no han sido alcanzar las cimas de las montañas ni los Polos Norte y Sur, aún cuando fueron grandes aventuras. Mis proyectos más importantes han sido la construcción y mantenimiento de escuelas y hospitales para la gente pobre de los Himalayas".

Tal vez no tengamos la fuerza ni la energía necesaria para escalar a la cima de la montaña más alta del mundo, pero tenemos la capacidad para alcanzar la cima de la espiritualidad. Ésta se encuentra al alcance de todos nosotros. Poseemos una tremenda fuerza interior, pero raramente utilizamos esa reserva de energía divina.

Amma nos da muestras constantes de la capacidad para acceder a esa fuente de energía y compasión inagotables. Después de un programa en el que dio *darshan* a 20.000 personas en Sivakasi, Tamil Nadu, Amma fue a visitar Anbu Illam, un hogar de ancianos dirigido por el ashram. Eran las cuatro y media de la madrugada y todos los residentes estaban emocionados por Su visita. Recién lavados y llevando su mejor ropa, estaban todos levantados y listos para ver unos instantes a Amma.

Amma fue a visitarlos a cada una de sus habitaciones. En el primer cuarto descubrió que la ropa de la cama estaba sucia y que había que limpiar las ventanas. En otras habitaciones encontró telarañas y hasta un pequeño panal de abejas que se había empezado a formar en uno de los tubos fluorescentes. Amma empezó a quitar el polvo y a limpiar una por una todas las habitaciones del edificio. No permitió que nadie del personal la ayudara, insistiendo en limpiarlo todo Ella sola. Amonestó al doctor y al encargado, diciendo que era un gran *punyam* [mérito] poder servir a las personas ancianas que no podían valerse por sí mismas. Les dijo que debían esforzarse en proporcionar un ambiente limpio a aquellos ancianos en sus últimos años. Amma decidió pasar la noche allí, y los residentes se sintieron muy felices de que se quedara con ellos. Pidieron permiso para fotografiarse con Amma, y Ella consintió gentilmente a satisfacer su deseo, posando junto a ellos en una fotografía de grupo.

Cuando se celebró Su cuarenta y cinco cumpleaños, Amma también satisfizo un deseo mío. Siempre había anhelado tener la oportunidad de servir la comida a la gente. Algunas veces Amma se denomina a Sí misma "la sirvienta de los sirvientes". Servir a "los sirvientes de la sirvienta de los sirvientes" me parecía una gran cosa, una de las mayores bendiciones que pueden recibirse. Como siempre he sido tímida, nunca había encontrado la oportunidad de hacer este trabajo de servir a los devotos, aunque lo había pensado a menudo. Era simplemente un deseo que albergaba mi corazón desde hacía mucho tiempo.

Lo había planeado con antelación y tomado la determinación de salir a servir la comida el día del cumpleaños de Amma. Pensaba que, disimulada entre la multitud de personas, sin duda nadie repararía en mí. Reuniendo valor, fui y pregunté a las chicas que estaban en la fila para servir si podía servir algo. Accedieron de mala gana, ya que en realidad querían hacer el trabajo ellas solas. Imaginando que repartir los *pappadams* sería lo más fácil, empecé a hacer esta tarea. La chica a la que había sustituido me dijo que ella también había estado esperando con entusiasmo tener la oportunidad de servir a los devotos.

¿Sería aquella una enfermedad contagiosa que se estaba extendiendo? Parecía que todos querían tener la oportunidad de servir de una manera u otra. Había muchísima gente, con o sin distintivo de voluntarios, que se pasaba horas y horas haciendo un duro trabajo; pero parecían muy felices. Hay un dicho muy conocido: "Es más grande dar que recibir", y parecía que ese día todo el mundo estaba experimentando esta verdad. Amma dice que cuando se ofrece una flor a Dios con devoción, se recibirá primero sin pretenderlo la fragancia y la belleza de esa flor. De la misma manera, cuando hacemos una acción desinteresada, experimentaremos su beneficio antes incluso que su destinatario.

Muchas veces, la gente que ha estado trabajando duro y no tiene tiempo para cambiarse de ropa, no se atreve a recibir el *darshan* de Amma. Sin embargo, Amma dice que el sudor de los devotos para Ella es como perfume. El esfuerzo y la actitud desinteresada que ponen en su tarea hacen que el sudor se torne perfume, ya que con ese sudor han alegrado a los demás y han llevado algo de luz a las vidas de muchísimas personas que sufren.

Es frecuente ver a Amma dando ejemplo, acudiendo a ayudar allí donde se necesite, ya sea llevando piedras y ladrillos sobre la cabeza o transportando arena y escombros de un lugar a otro. Se puede aprender mucho viendo trabajar a Amma. Trabaja con gran concentración y alegría. En los primeros tiempos, cuando se construía el templo, sonaba la campana, no para ir a clase, sino para hacer el *seva* del cemento. Mientras construíamos el ashram, Amma decía que teníamos que hacer todo el trabajo nosotros mismos, pues de ese modo sentiríamos la satisfacción y la alegría de haber contribuido a su construcción. Incluso podíamos sentir que una parte de nosotros estaba en el edificio, que los cimientos del templo se habían levantado con amor además de cemento. Al pasarnos el *chatti* [recipiente] de cemento los unos a otros, acabábamos con cemento en las manos, la ropa y hasta en el pelo. A veces se quedaba durante semanas para recordarnos aquellos momentos. Pero siempre sentimos una gran felicidad cuando nos esforzamos mucho por una buena causa.

No es necesario que Amma nos vea trabajar para que recibamos Su gracia. Existe una ley cósmica automática: cuando trabajamos desinteresadamente sirviendo al *guru*, en cualquier momento o lugar y aunque no nos vean, la gracia del *guru* fluye hacia nosotros. La Madre dice que sus bendiciones tienen que ir hacia quienes realizan un trabajo desinteresado y ponen todo su empeño, sin que importe qué clase de gente sean.

A medida que pasan los años, resulta maravilloso ver cómo cambia la gente. En el primer encuentro con Amma, muchos devotos sólo desean sentarse junto a ella y observarla. Al cabo de un tiempo, descubren el gozo del servicio desinteresado y ya no les importa pasar más tiempo alejados de Amma, realizando el trabajo que necesita ser hecho. Se sienten igual de felices haciendo el trabajo que nadie quiere hacer como aquellos otros, aparentemente más importantes, que se hacen cerca de Amma. Cualquiera que sea la tarea que se nos asigne, debemos utilizarla como un medio para volvernos más humildes, para desarrollar nuestra *sraddha* y ofrecer ese servicio al mundo. Si sientes amor por Amma en tu corazón y Le ofreces tu trabajo, entonces sin duda recibirás Su gracia.

El ashram de Amritapuri ha crecido exclusivamente por amor a Amma. Ella nos ha confiado a muchos de nosotros responsabilidades por encima de nuestra capacidad, pero a través de Su gracia hemos sido moldeados y preparados hasta poder hacer el trabajo. Por ejemplo, el hijo de un panadero colaboró en la construcción del hospital AIMS, levantado en un terreno que anteriormente había sido una ciénaga. No tenía ninguna experiencia previa en materia de construcción, pero Amma lo guió para que ayudara a crear un gran complejo médico.

Cuando el ashram creó su propia imprenta, Amma responsabilizó de ella a un muchacho que no sabía nada de su funcionamiento. Ahora la imprenta desarrolla con éxito una gran actividad, publicando libros en diferentes idiomas que se distribuyen por la India y por todo el mundo.

Amma nos recuerda que debemos esforzarnos sin pensar en el resultado de nuestro esfuerzo. Lo que se necesita es sinceridad. Cuando mantenemos la actitud adecuada y la buena disposición, la gracia de Amma se convierte en el medio que nos permite servir.

Te busco en el amplio cielo, pero nunca Te veo.
Me vuelvo conteniendo la respiración, esperanzada,
Pero nunca Te encuentro tras de mí.
Mis lágrimas son mis compañeras permanentes,
Juntas esperamos encontrarte algún día.

Pregunto a las hojas de hierba si has caminado por allí
Pero no Te han visto nunca.
¿De qué me sirve la voz
Si nunca puedes oír mis gritos llamándote?
¿De qué me sirven los ojos
Si nunca podrán contemplarte?
¿De qué me sirven las manos
Si nunca pueden tocar Tus sagrados pies?
¿Dónde resides, Amado,
Que tan cruelmente me has abandonado?

Capítulo 10

El esfuerzo y la gracia

*"El auto-esfuerzo y la gracia son interdependientes.
Sin el uno, el otro es imposible."*

Amma

La gracia del *guru* es uno de los regalos más maravillosos de la vida. Los aspirantes espirituales se esfuerzan por obtenerla, pero no siempre resulta fácil conseguirla. Uno no puede asegurar cuándo se manifestará la gracia, pero Amma nos ha dado muchas indicaciones sobre cómo llegar a ser merecedor de ella. Primero tenemos que poner nuestro esfuerzo, y sólo entonces llegará la gracia. Eso no significa que la gracia fluya sólo en determinadas ocasiones. Amma nos ha asegurado que Su gracia está siempre presente, pero para llegar a sentirla tenemos que poner algo de nuestra parte. Nuestro duro trabajo actúa como el catalizador esencial que permite que la gracia fluya.

Todos nosotros somos principiantes en la vida espiritual. Aunque hayamos realizado prácticas espirituales durante muchos años, vemos que la meta queda todavía muy lejana. Es imposible llegar a la realización del Ser por nuestro propio esfuerzo, pero con la gracia del *guru* podemos ser liberados. Estoy convencida de que si tratamos de llevar una buena vida, con la gracia del *guru* alcanzaremos la meta al final de nuestra vida. Aún así, tenemos que realizar un inmenso esfuerzo. No podemos quedarnos de brazos cruzados esperando que llegue ese momento final de gracia, sino que tenemos que trabajar duro para ser merecedores de esa oleada de gracia que llega a nosotros al final.

Para llegar a esa meta, tenemos que destruir todas las tendencias negativas de nuestro interior: la ira, la avaricia, la lujuria, el orgullo, etc. ¡Qué difícil resulta deshacerse hasta de una sola de ellas! Sin embargo, tenemos que esforzarnos para librarnos de nuestros *vasanas* y tratar sinceramente de ser puros. Entonces, igual que Amma Se ofrece al mundo, nosotros también seremos capaces de ofrecer algo precioso a cambio.

Amma dice que no podremos hacer ningún progreso espiritual sin persistir. Sólo cuando nos esforzamos honestamente por alcanzar la meta, fluye la gracia en nosotros. A veces, estamos dispuestos a hacer un pequeño esfuerzo, y comprobamos que sólo recibimos un poco de gracia. Pero si queremos que la gracia inunde nuestra vida, tendremos que perseverar sin descanso.

En el mundo actual se ha producido un gran desarrollo de la tecnología para diagnosticar enfermedades. Para que las pruebas sean eficaces, los pacientes tienen que hacer algo para prepararse, como beber una gran cantidad de agua o ayunar. Del mismo modo, el *guru* puede hacer mucho por nosotros, pero aún así tenemos que poner algo de nuestra parte.

En cierta ocasión, estábamos en un aeropuerto y queríamos llevar a Amma a una sala de espera en la segunda planta. Amma y Su asistente entraron en el ascensor, pero Su asistente se olvidó de apretar el botón de la segunda planta. Estuvieron en el ascensor bastante tiempo, sin subir ni bajar, hasta que se dieron cuenta de lo que sucedía. Era un buen ejemplo para mostrar cómo no es posible elevarse en la vida espiritual a menos que nos esforcemos con persistencia.

Nuestros esfuerzos continuados, aunque sean pequeños, darán fruto algún día. Tomemos el ejemplo de una minúscula planta

El esfuerzo y la gracia

que crece en una pequeña grieta en la acera. Aunque el cemento parece infinitamente más fuerte que la plantita, un día esa placa de cemento puede romperse completamente por el crecimiento constante de esa pequeña planta. De igual modo, el cemento de nuestro ego también llegará a agrietarse algún día. Todo lo que necesitamos es trabajar duro con disciplina y paciencia.

Hay una anécdota de Beethoven que es un buen ejemplo de esto. Una noche, tras ofrecer un magnífico concierto de piano, se reunieron en torno a él muchas personas para felicitarlo. Entre ellas había una joven que dijo: "Señor, si Dios me hubiera concedido el mismo don de vuestro genio, me sentiría muy afortunada". Beethoven le respondió: "Señora, no se trata de genio ni de magia. Todo lo que tiene que hacer es practicar al piano ocho horas al día durante cuarenta años y será tan buena como yo".

Hay otro ejemplo en la vida de Tomás Edison. Trató de crear el filamento luminoso de una bombilla realizando más de 2.000 experimentos antes de conseguir encontrar el correcto. Cuando un joven periodista le preguntó cómo se sentía después de fracasar tantas veces, Edison le respondió: "No fallé ni una sola vez. La invención de la bombilla ha resultado ser un proceso de 2.000 pasos".

Las personas como Edison y Beethoven comprenden bien la importancia de trabajar duro. Por eso fueron capaces de conseguir tanto en el mundo. Necesitamos tener la misma actitud en nuestra vida; sólo entonces seremos capaces de triunfar.

Amma misma nos ofrece un ejemplo perfecto. Aunque todas las acciones de Amma parecen fáciles y llenas de gracia, en realidad pone un esfuerzo enorme en todo lo que hace. Canta *bhajans* en casi cien idiomas distintos. Aunque a veces le resulta difícil pronunciar correctamente las palabras, Amma se esfuerza por aprenderlas, pues sabe cuánto abre el corazón de Sus hijos el oírla cantar *bhajans* en su propio idioma.

Amma pone gran empeño en dirigir las múltiples instituciones que supervisa, aconsejando directamente a cada una de ellas. Amma se pasa las noches sin dormir estudiando todas las normas y regulaciones de las áreas que administra. Desea mantener la tradición de los antiguos santos y sabios que, por medio de la práctica de la renuncia y sacrificio (*tyagam*), fueron capaces de ofrecer tanto al mundo. Amma dice que hasta el aliento de un Mahatma puede sostener el equilibrio de este mundo. La Madre no proclama Su divinidad, pero trabaja duro, con persistencia y dedicación, ofreciendo un ejemplo para todos nosotros. Ella nos dice que dado que tenemos un cuerpo, debemos esforzarnos por hacer el mejor uso posible de él.

Amma se reúne regularmente con los directivos de Su hospital de múltiples especialidades (AIMS) para aconsejarles cómo dirigir apropiadamente el complejo hospitalario. Resuelve problemas y les da nuevas ideas sobre cómo mejorar la organización cotidiana de las diferentes secciones del hospital. A los directores de Sus escuelas les dice cómo planificar el currículum escolar y cómo resolver los múltiples problemas que surgen cada día en Sus centros docentes. Aconseja a los que construyen las viviendas para los pobres, dándoles indicaciones para la construcción como la manera de aplicar nuevas técnicas o hacer los ladrillos más resistentes. A los carpinteros les explica pequeños trucos en los que nunca habían pensado, aunque hayan pasado muchos años formándose en sus oficios.

Cuando viajamos con Amma por la India, podemos ver cómo se esfuerza para prestar atención a los devotos que van de gira con Ella. Es posible que la Madre haya estado dando *darshan* durante más de quince horas y puede que no haya dormido nada, pero cuando los vehículos se detienen para hacer una pausa y tomar un *chai*, Amma insiste en bajar del coche para estar con las personas que viajan con Ella. Dar siempre mucho más de lo necesario es la naturaleza de Amma. Sus esfuerzos no son esfuerzos, pues todas Sus acciones brotan naturalmente de Su amor. Todo lo que hace es para enseñarnos algo o para que nos sintamos felices.

En nuestra primera visita a Pondicherry, Amma se quedó sin voz, pero a pesar de ello trató de dar Su *satsang* habitual en el programa. Otros hubieran pedido a alguien que diera la charla, pero Amma insistió en intentar hablar Ella misma. Con su habitual sentido del humor, dio un golpecito al micrófono y dijo con voz ronca: "Dale un poco más de volumen", sugiriendo que no era su voz la que se había perdido, sino el volumen del micrófono. Hizo un esfuerzo impresionante. Por suerte, a la hora de los bhajans había entrado en calor y le fue posible cantar. ¡Dios debió de oírla cuando estuvo bromeando con el encargado del micro!

Una mujer que vivió en el ashram encarnaba de manera muy hermosa la enseñanza de Amma sobre la necesidad de esforzarnos más allá de toda expectativa. Esta mujer tenía dos hijos pequeños y, sin embargo, siempre estaba dispuesta a ayudar. Cuando aquel año la gira de Amma llegó a Chennai, teníamos muchas maletas que necesitábamos enviar a América. Esta mujer iba a partir entonces para América y le preguntamos si podía llevar algo consigo. Se quedó pensativa un momento y luego contestó: "Una, dos, tres cuatro... ¡Sí, puedo llevaros cuatro maletas!" ¡Podéis imaginar lo feliz que me sentí al oírlo!

Una vez instalada en el avión, uno de los asistentes de vuelo se acercó a ella y le dijo: "Lo siento, señora, pero tenemos un pequeño problema y hemos tenido que pasarla a usted con sus hijos a primera clase". Así que ahí estaba, vestida con la ropa de trabajo del ashram, siendo alegremente conducida a la parte delantera del avión. Se sentía un poco avergonzada del mal estado de su ropa, pero de todos modos disfrutó del servicio de primera clase.

Cuando al año siguiente volvió al *ashram* con su marido, le dijo: "Mira cariño, este año también deberíamos llevarles algunas maletas". El hombre dudó un poco, pero al final accedió. En esta ocasión, cuando tomaron sus asientos en el avión, el asistente de vuelo se acercó a ellos y les dijo: "Lo siento, pero tenemos un pequeño problema y hemos tenido que pasarles a todos a la Business Class". La mujer se volvió hacia su esposo y le dijo: "¡Te das cuenta? ¡Como has estado dudando sobre si ayudar o no, esta vez sólo vamos en Business Class!" Así que no dudéis nunca en echar una mano, pues si nos esforzamos un poco más podríamos ser elevados desde la clase ordinaria hasta la Divinidad.

Algunos quizás se quejen de que los demás reciben la gracia y ellos no. Pero Amma nos dice que la gracia del *guru* es como el sol, que siempre brilla para todos. Si no vemos la luz, probablemente sea porque hemos cerrado las persianas, y debemos hacer un esfuerzo consciente por abrirlas. Entonces la luz entrará de forma natural, pues siempre ha estado allí. Si mantenemos cerradas las persianas, no tiene sentido echar la culpa al sol por no darnos su luz. Del mismo modo, no podemos culpar al *guru* por no ofrecernos su gracia, más bien hemos de tener la firme resolución de abrir los postigos de nuestro corazón.

Amma dice que la gracia está detrás de cada una de las acciones que realizamos, aunque apenas lo tengamos en cuenta y la mayor parte del tiempo damos por hechas nuestras acciones cotidianas. Se dice que hay más de tres billones de células en el cuerpo, y todas funcionan únicamente por la gracia. Podemos creer falsamente que somos los hacedores, pero sin la gracia de Dios no podemos mover siquiera un músculo. Una de las residentes del ashram sufrió un esguince en el pie y estuvo completamente de baja a causa de su lesión. Vino a verme y me contó cómo ese esguince le había hecho consciente de lo grande que es realmente el poder de Dios. Recordaba cómo Amma nos dice constantemente que nada puede conseguirse sin la gracia. Sólo

tras pasar por momentos difíciles y sentir la gracia a través de la curación, podemos llegar a comprenderlo realmente

Algunos dicen que el destino lo controla todo. Creen que todo lo que sucede en la vida está predestinado, y por tanto no hay nada que puedan hacer para mejorar su situación. Amma nos dice que esta visión es incorrecta, y la gente que así lo cree generalmente acaba por abandonar el camino espiritual. Cuando llegan tiempos difíciles, en lugar de intensificar sus esfuerzos espirituales, los abandonan y se dedican a culpar al destino.

Más que desesperarse por nuestro destino, deberíamos mantener siempre una actitud positiva y perseverar en nuestras buenas acciones. Como dice Amma, si estamos hambrientos no diremos: "Que el destino me traiga la comida". Si nos llega la comida, no diremos: "Que el destino ponga la comida en mi boca". Siempre tomaremos la comida, la pondremos en nuestra boca y la comeremos. De igual forma, no conviene imaginar que nuestra falta de gracia se debe a nuestro destino y culparlo a él. Debemos simplemente utilizar nuestra propia fuerza de voluntad y hacer todo lo que podamos para sintonizar con la Divinidad. El esfuerzo que hagamos determinará nuestro destino. Por tanto, tratemos siempre de poner un empeño fuerte y positivo en todo lo que hacemos.

Amma nos da la fuerza para afrontar las situaciones difíciles. Nuestros esfuerzos sinceros combinados con la gracia del *guru* pueden superar cualquier circunstancia negativa.

Un veterano devoto europeo me contó una historia conmovedora de la visita de Amma a Europa a principios del año. Su esposa había visto a Amma vistiendo un sari naranja durante un Devi Bhava anterior y se había prendado de su belleza. En Munich vio que el sari estaba a la venta y le dijo a su marido que se lo tenía que comprar. ¡A él le abrumaba la idea de lo mucho que iba a costarle! Pero de todos modos fue a comprárselo, y le preguntaron si también quería la blusa. Como no sabía qué hacer, fue a preguntárselo a su mujer. Por supuesto, ella también quería la blusa. Cuando le dijeron a Amma que aquella devota quería comprar el sari, Amma dijo que lo podía comprar pero sólo con la condición de que se lo pusiera. Esta mujer se quedó espantada ante la idea, pero al final accedió. Se puso la blusa y el sari y se dispuso a pasar el *darshan* con su esposo. Cuando se acercaron a Amma, Ella festejó mucho a la mujer y le dijo que estaba muy guapa. Después Amma dijo: "¡Voy a casaros a los dos!" El marido se quedó estupefacto, porque según dijo ya estaba casado con su esposa. Sin embargo, Amma insistió en celebrar la ceremonia de nuevo.

A los seis meses, su esposa murió de repente de un infarto. Al sostenerla en sus brazos y sentir que no tenía pulso, le dijo: "¡Vete, no te quedes conmigo!", e hizo un ademán para que su espíritu se liberara y ascendiera. Como sabía que la naturaleza del cuerpo es siempre cambiante y que el Atman es imperecedero, comprendió que era el momento de que ella partiera y no quiso retener su espíritu. Cuando me contó esta historia, me conmovió lo asombroso que era que hubiera podido desapegarse de ella en aquel momento, que hubiera podido actuar correctamente y dejar marchar a su esposa.

Me dijo que ahora es el amor de Amma el que llena el vacío que antes había llenado la presencia de su esposa. Ciertamente fue la gracia de Amma la que le hizo recordar las enseñanzas sobre lo transitorio en el momento preciso. El devoto realmente sintió que al celebrar Amma la ceremonia de la boda unos meses antes, y con su esposa vestida de naranja, le había dado *sannyas* (renuncia) a su mujer antes de morir. Más adelante Amma le dijo al devoto que su esposa no tendría que volver a nacer, pues se había fusionado en el *Paramatman*. Resultaba conmovedor escucharle contar estas historias; y ver su entrega que le trajo la paz con la muerte de su esposa.

Cuando suceden cosas terribles en el mundo, algunos culpan a Dios por Su crueldad. Deberíamos recordar que ese sufrimiento no se debe a ningún tipo de crueldad Divina, sino a nuestras acciones previas. Todo sucede de acuerdo con la ley del karma. Amma dice que la vida consiste en sólo dos sucesos: realizar una acción y experimentar el resultado de esa acción. Si hemos realizado acciones negativas en el pasado, podemos quedarnos abatidos y esperar que llegue lo que tiene que llegar como resultado de esas acciones. O podemos tratar de realizar buenas acciones ahora, de modo que nuestro futuro sea mejor.

Amma nos dice una y otra vez: *"kripa rakshikatte"* o "que la gracia nos salve". Sólo la gracia nos salvará. Ella sabe que detrás de todo reside la gracia. Gente de todo el mundo ha sentido la gracia de Amma. Las enfermedades han sido sanadas. Muchos han sido salvados de accidentes o incluso de una muerte temprana. La gracia del *guru* es tan fuerte que, al final, obrará el milagro definitivo en cada uno de nosotros. Lo imposible se hace posible sólo a través de la gracia del *guru*. Esa gracia es nuestro único refugio, y es el único refugio que necesitamos.

Con Tu encantadora forma,
Mi corazón es Tuyo para siempre.
¿Qué voy a hacer, desgarrada entre dos mundos?
¿No podrías cortar estas terribles cadenas
Que me mantienen alejada de Ti?

No deseo la liberación ni la inmortalidad,
Eso puedes dárselo a otros.
Sólo anhelo perderme en Ti,
Embriagada con la dicha de ver siempre Tu forma ante mí.

Mis ojos no se cansarán nunca de empaparse de Tu belleza,
De renovado esplendor y amor a cada segundo.
Toma este sueño y hazlo realidad,
¿A qué otra cosa estaba destinado mi nacimiento?
Sé que esta es la verdad.

Capítulo 11
El altruismo y la humildad

*"Sois vosotros los que tenéis que elevaros alto,
En el inmenso cielo de la espiritualidad.
Y para conseguirlo, necesitáis las alas del
Altruismo y del amor.
La oportunidad de amar y servir a los demás debería
Considerarse un precioso don,
Una bendición de Dios."*

Amma

Existe una historia en la tradición budista que explica de forma maravillosa el poder del altruismo. Había una vez un rey que tenía tres hijos; el más pequeño era un muchacho especialmente amoroso y compasivo. Un día el rey y su familia se fueron de picnic, y al poco de llegar, los príncipes corrieron a jugar al bosque. Al adentrarse en el bosque, descubrieron emocionados a una tigresa que acababa de dar a luz. Estaba muy debilitada por el hambre y parecía estar a punto de comerse a sus recién nacidos.

El más pequeño de los príncipes preguntó a sus hermanos: "¿Qué tendría que comer la tigresa para sobrevivir?"

Ellos respondieron: "Carne fresca o sangre". Entonces les preguntó: "¿Dónde podríamos encontrarla? ¿Hay alguien dispuesto a dar su propia carne y su sangre para alimentarla y salvar la vida de sus cachorros?" Sus hermanos se encogieron de hombros y no respondieron.

Profundamente conmovido por la situación de la tigresa y sus cachorros, el joven príncipe se puso a pensar: "Cuánto tiempo he estado errando sin sentido a través del círculo de nacimientos y muertes, vida tras vida. Y por mis deseos, ira e ignorancia, he hecho muy poco por ayudar a los demás seres. Aquí se presenta por fin una gran oportunidad".

Después pidió a sus hermanos que siguieran adelante, que ya los alcanzaría más tarde. Silenciosamente se acercó a la tigresa y se tumbó frente a ella, ofreciéndose como alimento. La tigresa estaba tan debilitada que ni siquiera podía abrir la boca, así que el muchacho encontró una estaca afilada y se hizo un profundo corte profundo en su propio cuerpo. La sangre empezó a manar y la tigresa la lamió, y con eso reunió fuerzas para abrir las mandíbulas y comerse al muchacho. Con este extraordinario acto de auto sacrificio, el príncipe salvó la vida de la tigresa y sus cachorros.

De acuerdo con la historia, que muchos budistas consideran verídica, el muchacho volvió a nacer y por el mérito de su compasiva acción progresó rápidamente hacia la iluminación, y finalmente nació como el Señor Buda.

La historia no acaba aquí. La acción desinteresada del muchacho no sólo aceleró su progreso espiritual, sino que también purificó el karma de la tigresa y sus cachorros, hasta tal punto que eliminó cualquier deuda kármica que pudieran haber contraído con el príncipe por haberles salvado la vida. Su compasivo sacrificio fue tan fuerte que creó entre ellos un vínculo kármico benéfico que se prolongó en el futuro.

La tigresa y sus cachorros renacieron finalmente como los cinco primeros discípulos de Buda, las primeras almas en recibir sus enseñanzas después de su iluminación.

Ese es el poder de la acción desinteresada. Amma siempre trata de enseñarnos a vivir de manera altruista. Al igual que una vela se funde sólo para dar luz a los demás y la barra de incienso se convierte en ceniza para ofrecer su fragancia a todos, Amma quiere que ofrezcamos enteramente nuestra vida al servicio del mundo.

¡Por supuesto, no nos recomienda que saltemos la verja de la jaula del león del zoológico! Ese tipo de sacrificio no es realmente necesario hoy en día. La vida diaria nos ofrece un sinfín de oportunidades para sacrificar nuestro ego al servicio de los demás.

Volverse más desinteresado en realidad no exige tanto esfuerzo. Sólo tenemos que empezar a colocar a los demás por delante de nosotros y tratar de ser siempre útiles del modo que podamos. Si ponemos en práctica estos principios básicos, iremos desarrollando una actitud altruista. La vida espiritual no significa tener que recitar *mantras* en perfecto sánscrito o ser capaz de permanecer en la posición de loto durante horas. La base para triunfar en la vida espiritual en realidad no es más que llegar a ser más sencillo, más amable y más útil a los demás. Si intentamos volvernos seres humanos decentes y cultivar estas cualidades básicas y prácticas en la vida diaria, entonces todas las grandes cualidades aparecerán por sí solas.

Tanto si hacéis vida de familia como si residís en un ashram, el altruismo es una cualidad que debe desarrollarse en la vía espiritual. Las personas casadas con hijos son muy afortunadas, pues cuentan con multitud de oportunidades para desarrollar naturalmente el altruismo en su vida familiar. Si desean ser felices en su hogar, tendrán que aprender a pensar primero en los demás. Si una madre tiene un hijo, tendrá que pensar siempre primero en el niño. Aunque la madre esté enferma, se privará de comer o de dormir para cuidar a su hijo. Los padres de familia reciben automáticamente una preparación especial para desarrollar el altruismo. Les basta con aplicar en su vida espiritual las enseñanzas que han aprendido.

Uno de los *brahmacharis* de Amma tuvo una experiencia conmovedora que revela las cualidades de una madre generosa. Estaba viajando en un tren y entró en su compartimiento una mujer seguida de sus nueve hijos. Era evidente que eran muy pobres y ella parecía hambrienta. Como el *brahmachari* llevaba comida extra, le dio algo a ella. La madre repartió todo entre sus hijos y no se quedó nada para ella. No obstante, parecía feliz porque todos sus hijos habían recibido algo de comida. Entonces el *brahmachari* se percató de que el bebé que tenía en su regazo la miraba con mucho amor. El bebé tenía un pedazo de comida en la mano, y de pronto la levantó y puso la comida en la boca de su madre. El *brahmachari* sintió que estaba viendo la mano de Dios alimentando a aquella madre a través de su propio bebé. Cuando desarrollamos esta clase de amor desinteresado, Dios siempre cuida de nosotros.

Al principio, la mayoría de la gente se acerca a Amma para recibir Su amor, y recibe muchos abrazos y besos. Con el tiempo, la mayoría de los devotos descubre que nos llegan mucho más amor y gracia de Ella cuando decidimos ofrecer en lugar de tomar. La verdadera felicidad es el resultado del altruismo. La ley cósmica establece que cuánto más demos a los demás más recibiremos. Sólo conseguimos auténtica paz mental cuando pensamos en los demás antes que en nosotros mismos. Si actuamos así, experimentaremos mucha más dicha.

Todo el mundo anhela ser feliz en la vida. Si podemos dejar de intentar encontrar placeres y satisfacciones para nosotros mismos y pensar en cambio: "¿Qué puedo hacer por los demás?", entonces surgirá la verdadera felicidad. Únicamente cuando no pedimos nada a cambio por nuestro servicio recibimos la verdadera alegría. Aunque comprendamos los principios espirituales, nos será difícil encontrar la felicidad mientras sigamos centrados sólo en nosotros mismos. Por tanto, debemos entrenarnos para sentirnos felices dando alegría a los demás.

Hace pocos años se celebraron en Seatle los Juegos Paralímpicos. Los participantes eran muchachos que sufrían alguna discapacidad física o mental. En una de las competiciones, nueve niños se congregaron para una carrera de los cien metros. Cuando empezó la carrera, los nueve se pusieron a correr hacia la línea de meta. A mitad de camino, uno de los muchachos tropezó y se cayó. Empezó a llorar. Los otros ocho corredores le oyeron llorar y aminoraron la marcha. Uno por uno se fueron deteniendo, dieron media vuelta y volvieron hacia el muchacho para ayudarlo. Una chica con el síndrome de Down se inclinó y le dio un beso diciéndole: "Así te pondrás mejor". Entonces se cogieron todos del brazo y caminaron juntos hasta la meta. El público del estadio se levantó de sus asientos y los aplausos se prolongaron durante diez minutos.

En lugar de tratar de encontrar amor, deberíamos tratar de dar amor. Si buscamos que los demás nos den amor, siempre seremos desgraciados. Pero si tratamos de dar tanto amor como podamos a todo el mundo, nos sentiremos más felices al instante. En lugar de buscar qué podemos tomar del mundo, si empezamos a preguntar: "¿Qué puedo ofrecer al mundo?" entonces empezaremos a ser como Amma. Porque así es como Ella vive. Es el ejemplo perfecto del altruismo. El amor fluye de Ella como un río, porque Ella es la fuente, es el amor mismo. No trata de tomar amor de nadie, pues está siempre llena; y como siempre está dando amor, no podemos evitar amarla.

Cuando miramos a Amma durante el *darshan*, la vemos rebosar de efervescente alegría. Mientras da el darshan, dice cosas como: "Aseguraos de que los ancianos pasen primero. Que den de beber agua a todos. Hay un anciano en la sala que necesita

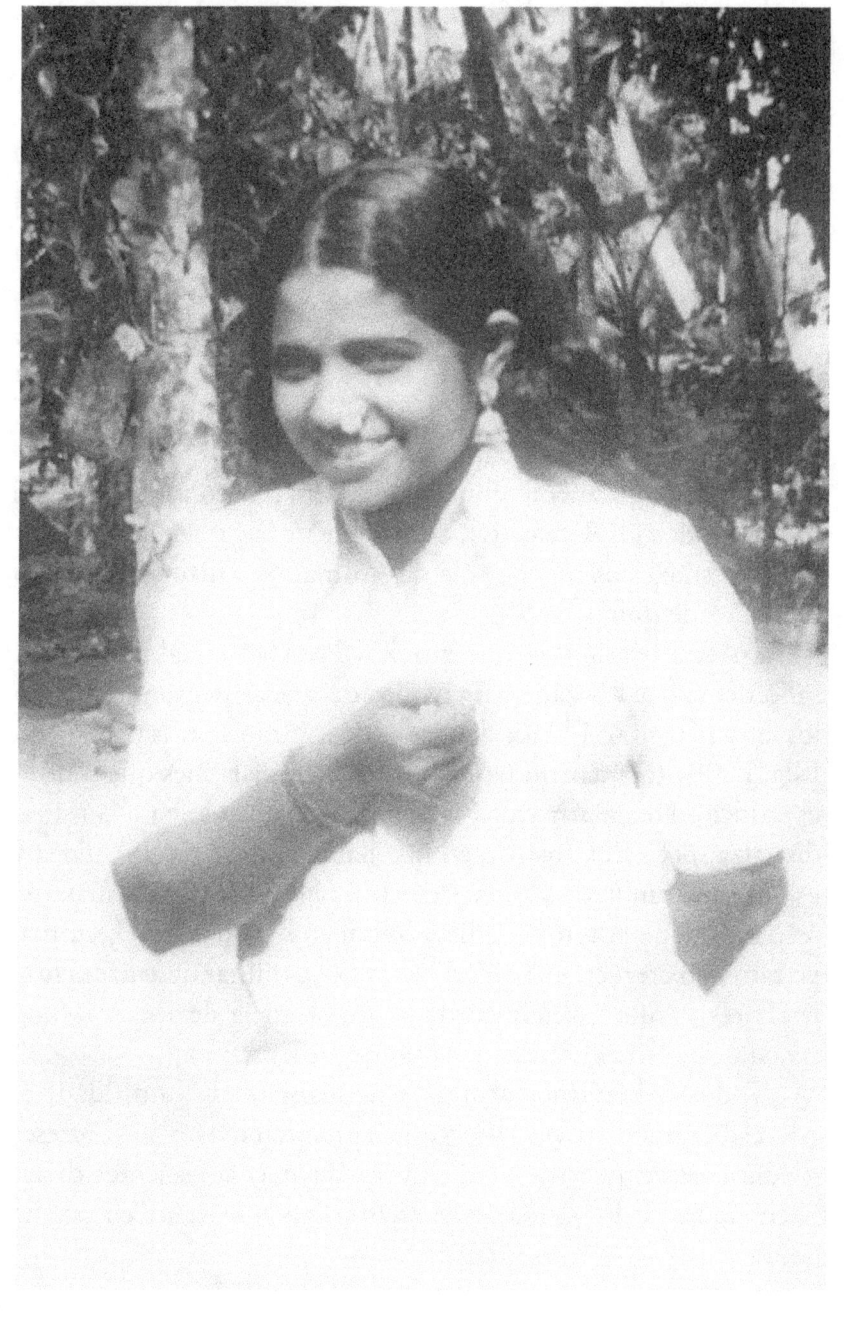

ayuda para llegar aquí". Siempre está pendiente de las necesidades de todo el mundo y se da cuenta de todo lo que sucede en la sala. Amma es consciente de todo lo que sucede a su alrededor, en cualquier dirección, trescientos sesenta grados a la redonda. En cambio, nosotros apenas podemos tener en cuenta lo que está frente a nosotros. Cuando pensamos en alguien, la mayoría de las veces es sólo en nosotros. Amma está siempre pensando en todo el mundo excepto en Ella misma.

Otra persona muy considerada es el Presidente de la India, el Dr. A.P. J. Abdul Kalam. Amma fue invitada a visitarlo en la residencia presidencial de Rashtrapati Bhavan, en Nueva Delhi, y varios de nosotros estábamos con él en la misma sala. Aunque hablaba principalmente con Amma, tenía la consideración de mirar a todos los demás. Era consciente de la presencia de todos los que estábamos allí, no sólo de Amma. Nos hizo sentir como invitados de honor.

En otra ocasión en que visitó al Presidente Kalam, Amma salió del coche sin zapatos, y yo los dejé atrás pensando que no los iba a necesitar. El Presidente saludó a Amma y tras hablar con Ella, La invitó a dar un paseo por los bellos jardines que rodean el edificio. Nos alarmamos al pensar que Amma iba a caminar descalza, pero Ella insistió en que había crecido en una aldea y estaba acostumbrada a andar descalza. El Presidente, por su parte, respondió que él tampoco llevaría zapatos y exclamó: "¡Amma, yo también crecí en una aldea!" Al verlos caminar descalzos entre las flores y los árboles, recordé la importancia de seguir siendo sencillos por muy grande que uno llegue a ser.

Todos deberíamos aspirar a desarrollar esa humildad. Si nos esforzamos en esa dirección, aprenderemos a ser corteses y educados en nuestra conducta y a ser más conscientes de las necesidades de los demás. Deberíamos tener siempre en cuenta los sentimientos de los demás y meditar cuidadosamente cómo les afectarán nuestras acciones.

Se dice a menudo que la humildad del *guru* es tan grande que resulta difícil distinguirlo de su discípulo. Con Amma, desde luego, así es. En agosto del año 2000 asistimos a la Cumbre del Milenio de Líderes Espirituales y Religiosos por la Paz Mundial, en la sede de la ONU en Nueva York. Era un asunto bastante prolongado, consistente en pasar dos días escuchando diferentes discursos. El discurso de Amma era el segundo día, y después nos alegramos de que nuestras obligaciones hubieran concluido. Tras ayunar todo el día, estábamos deseando volver a la lujosa habitación del hotel que nos habían facilitado. Bueno, yo lo estaba deseando. Todos los *swamis* se habían marchado del auditorio principal y sólo Amma y yo estábamos sentadas entre la multitud, escuchando los restantes discursos.

Conociendo la cortesía de Amma y pensando que no sería la primera en abandonar la sala, ideé un plan para escapar de allí. Me levanté, esperando que Amma fuera una *guru* buena y obediente y me siguiera sin más. Pero cuando me levanté, Amma permaneció sentada, escuchando absorta los discursos. Aplaudía cuando todos aplaudían y parecía encontrar sumamente interesantes todas las charlas en inglés o en otras lenguas que ni siquiera comprendíamos. Me ignoró totalmente.

Hice un segundo intento, diciéndole mientras me levantaba: "¡Vamos Amma, ya podemos irnos!". Otra vez volvió a ignorarme. Pensé: "Bueno, si salgo *de verdad* al pasillo, entonces Amma *tendrá* que seguirme". Así que cogí la bolsa y salí hasta el pasillo, dispuesta a irme. Amma siguió escuchando embelesada el discurso, que en aquel momento era en coreano, me parece. Siguió ignorándome. Sabía que lo correcto era escuchar el discurso, aunque no lo entendiéramos. Me resigné a parecer una idiota después de levantarme y sentarme tantas veces y me senté sobre mi bolsa en el pasillo, esperando a que Amma decidiera cuándo nos íbamos. Finalmente, cuando acabó uno de los discursos y a Amma le pareció el momento apropiado, se levantó cortésmente y salió. Y yo, como debe de ser, la seguí.

Otro incidente revelador ocurrió cuando viajábamos por Washington, D.C. La seguridad en los aeropuertos de Norteamérica se ha vuelto muy estricta, y a veces eligen a personas al azar para un control de seguridad adicional. Aquel día eligieron a Amma para el registro adicional, y yo La acompañé para hacer de intérprete.

La oficial de seguridad era una mujer de aspecto fuerte y modales bruscos. Amma se había sentado, y la oficial le dijo que se levantara. Puedo hablar un poco de malayalam, pero no con mucha soltura, así que rebuscaba en mi cabeza una manera educada de decir "levántate". Sin embargo, lo que me salió fue "*Erenekke*", que había oído con frecuencia y que literalmente significa "¡Ponte de pie!" Amma se puso en pie obedientemente. Entonces pensé: "¡Oh, Dios mío, creo que he sido muy descortés con Amma", pues esa palabra sólo se utiliza para dirigirse a los jóvenes y no al *guru*. Pero Amma no se sintió molesta, ya que no tiene ego que pueda ofenderse.

Después, la oficial le ordenó a Amma que se apoyara en una sola pierna con los brazos en alto, como en una postura de ballet. Traté de pensar cómo se diría "postura de ballet" en malayalam y me preguntaba si Amma sabría siquiera lo que es el ballet. Así que acabé por decirle que se mantuviera de pie en una posición de yoga. Amma la complació cortésmente. Mientras la oficial pasaba el detector de metales por el cuerpo de Amma, su actitud se suavizó. Exclamó: "¡Es *tan tan*... hermosa!" Allí donde vamos, la gente se da cuenta de que hay algo muy especial en esta sencilla mujer vestida de blanco.

El resto del grupo que viajaba con Amma se quedó observando a cierta distancia, aprendiendo la lección de humildad que les estaba ofreciendo. Cualquier otra persona en Su situación habría dicho: "¿No te das cuenta de lo importante que soy?" Pero Amma se limitó a sonreír con amabilidad y pacientemente permitió que esta mujer recibiera su darshan de esta manera. Una vez más Amma demostró a través de su ejemplo personal las cualidades divinas que todos deberíamos tratar de absorber.

Amma nos aconseja que cuando sintamos que nuestro ego se levanta y se da importancia, miremos el vasto cielo o el profundo mar azul y veamos lo insignificantes que somos en comparación. La auténtica grandeza se mide por la humildad. En lugar de sentirnos más importantes, tratemos de ser conscientes de lo pequeños que somos realmente en el universo infinito. Amma dice que cuando nos sentimos más pequeños que una hormiga, nos volvemos más grandes que toda la creación.

Los seres humanos tendemos a creer que nuestra especie ocupa el peldaño de más alto rango en la escala de la creación, pero podemos aprender muchas lecciones de la Madre Naturaleza. Los árboles pueden enseñarnos mucho sobre altruismo. El cocotero, por ejemplo, ofrece cada parte de sí mismo a los demás. La pulpa del coco es alimento y la leche de coco es una bebida muy nutritiva. En la India, la cáscara del coco y las hojas sirven como leña y se trenzan cuerdas con la fibra de coco. Con las hojas del cocotero se hacen esterillas y se utilizan para cubrir cabañas o hacer escobas. La madera se utiliza para construir viviendas y hacer vallas. El cocotero nos entrega completamente su fuerza vital sin esperar nada a cambio, y lo hará aunque grabemos nuestro nombre en su corteza o tratemos de derribarlo. Ese amor desinteresado pone en evidencia nuestra propia vida.

La tierra sufre tantas dificultades para sustentarnos, sin quejarse de nada. Pensemos en un plato de arroz con espinacas, *dhal* y verduras. ¿Cuántos nutrientes necesita aportarle la tierra al arroz para que crezca? ¿Cuántas tareas y esfuerzos habrá que hacer para cultivarlo y trillarlo? ¿Cuántas gotas de lluvia y cuántos rayos de sol se precisarán para que crezcan las verduras? ¿Cuánta energía consumirá una vaca para alimentarse con la hierba que ha crecido a lo largo de semanas, y que después se tornará milagrosamente en leche para hacer nuestro yogur? ¡Cuánto nos da el universo para crear un alimento que consumiremos en unos pocos minutos! ¿Lo hemos valorado alguna vez?

Igual que la Madre Naturaleza, Amma se sacrifica para enseñarnos a vivir correctamente y a servir al mundo desinteresadamente. La vida de Amma ha consistido siempre en dar, nunca en tomar, aparte de tomar el dolor y el sufrimiento de los que le ofrecen sus penas.

El poeta Hafiz escribió:

"El sol nunca le dirá a la tierra:
'Estás en deuda conmigo'.
Observad qué sucede con un amor como éste.
Ilumina la inmensidad del cielo."

Amma nos está dando a nosotros y al mundo mucha alegría. Si seguimos dando al mundo, él cuidará de nosotros. Podemos encontrar ejemplos en la vida de Amma. Cuando era joven, dormía a la intemperie sobre la arena o empapada sobre el lodo de los brazos de mar que rodean la casa de Su familia. A veces se pasaba meses sobreviviendo sólo con hojas de *tulasi*. Nunca buscaba comida, pero la Madre Naturaleza se la proporcionaba. Los animales le ofrecían alimento. Un águila dejaba caer peces en su regazo, un perro le traía paquetes de comida en la boca, y una vaca se tendía frente a ella ofreciéndole su leche directamente de las ubres. Amma decía que cuando se pasaba horas llorando por Dios, los loros acudían y se sentaban a su lado y también derramaban lágrimas. Toda la naturaleza se unía a Ella en Su búsqueda de la unión con la Divinidad. Así era la compasión de los animales, todo lo contrario de Su propia familia, que pensaba que estaba loca. Incluso hoy en día de vez en cuando encontramos extrañas ofrendas en los peldaños de la escalera de su habitación o sobre el felpudo delante de su puerta. Amma dice que los animales dejan esos regalos para Ella.

Mientras la naturaleza siempre da, la disposición de los seres humanos, desafortunadamente, es la de tomar siempre, pedir más, sin dar gran cosa a cambio. Tenemos una gran deuda kármica con la naturaleza, con el mundo, y con las personas que sufren en todas partes. El único modo de pagarla es aprender de Amma, quien está haciendo tanto para inspirar a todo el mundo.

Todo lo que necesitamos es liberarnos de nuestro egoísmo. Lo que necesita el mundo actual es trabajadores desinteresados que inspiren a la humanidad para salir de su sufrimiento. No basta con hablar o realizar buenas acciones. Debemos seguir el ejemplo de Amma y poner en práctica nuestras palabras por nuestra paz de espíritu tanto como por el bien del mundo.

La vida de Amma es un ejemplo perfecto de altruismo. No podemos seguir exactamente Sus pasos, pero podemos al menos tratar de absorber una fracción del altruismo y el amor perfecto que emanan de Ella. Si lo logramos, entonces sin duda también nosotros seremos un día una bendición para el mundo.

No se puede decir que la salud de Amma haya sido nunca muy buena. Muchos le suplican a menudo que se cure a Sí misma. Amma responde que Ella se ha entregado como ofrenda al mundo. Un regalo una vez hecho no puede reclamarse nunca. Aunque ha curado a muchísimas personas, Amma nunca mostrará ningún interés por Su propio bienestar. Su plegaria siempre ha sido: "Dejadme que exhale mi último aliento consolando a alguien sobre mi hombro". Y seguramente así es como sucederá.

Te lo ofrezco todo a Ti
Pero mi mente, traidora,
Me hace volver al mundo.
Mi corazón Te implora,
Pero el mundo me aleja de ti
¡Qué desdichado nacimiento!

Antes de encontrarte
Cometí muchas faltas
Ahora anhelo refugiarme en Tus Pies de Loto
Pero mis pecados me apartan de ti.

Deseo ahogarme en Tu océano de compasión,
Pero me ahogo en mis propias lágrimas.
Maya me tiene tan agarrada…
Por favor ¡haz que me suelte!

Capítulo 12

La renuncia

*"Detrás de una buena causa
encontrarás a alguien
que ha renunciado a todo
Y ha dedicado su vida a Ella."*

Amma

Una vez le pregunté a Amma: "¿Qué es auténtico *vairagya* [desapego]?" Amma me respondió: "Taparte la nariz cuando te llegue un olor pestilente". Me quedé sorprendida por Su respuesta, pues yo habría creído lo contrario. Ella parecía decir que debíamos aceptar el olor pestilente, pensando todo el tiempo para nuestros adentros: "soy tan estupenda que puedo soportar este olor espantoso." de hecho, estaba diciendo que tuviéramos suficiente discernimiento para taparnos la nariz y evitar inhalar ese olor pestilente. Amma me estaba enseñando que el auténtico *vairagya* nos aporta el conocimiento para realizar la acción adecuada, en el lugar adecuado y el momento adecuado. Pero, ¿cuántos de nosotros tenemos ese desapego? La mayoría viajamos por la vida dominados por los deseos y apegos.

La paz mental va y viene; nunca disfrutamos de ella permanentemente a causa de nuestros gustos y aversiones. La causa de todo nuestro sufrimiento son los deseos de la mente. Por tanto, deberíamos intentar permanecer desapegados, manteniendo la mente alejada de aquello sobre lo que desea precipitarse. Sólo cuando trascendemos completamente nuestros deseos, podemos realmente ser felices y estar en paz En todo momento. Amma ha logrado hacerlo, y el poder de su absoluto dominio de sí le ha permitido conseguir cosas extraordinarias y prestar un gran servicio a la humanidad.

Amma nos muestra que la verdadera fuente de la felicidad nos está esperando, no en el mundo sino en nuestro interior. si podemos practicar la renuncia, podemos vivir en el mundo e incluso amarlo, pero sin el pensamiento erróneo de que los objetos del mundo nos darán paz mental o satisfacción. Al ser conscientes de esta verdad, nos volvemos hacia nuestro viaje interior, donde podremos encontrar paz mental.

La vida de la Madre es un ejemplo perfecto de auténtica renuncia, que siempre nos proporciona lecciones que aprender. Un año, cuando llegamos al ashram de Bangalore, vimos que habían construido una nueva habitación estupenda para Amma. Empezamos a subir las escaleras hacia la habitación, pero cuando Amma vio el mármol verde que se había empleado en las escaleras se enfadó mucho y se sentó a mitad de camino. Se negaba a mirar siquiera la habitación. Después de ver lo lujosa que era la escalera, se imaginó que la habitación sería todavía más ostentosa. Hasta en la India el mármol es caro. Estaba indignada al pensar en el dinero que se habían gastado en aquella lujosa habitación que Ella sólo utilizaría dos días al año, y que se podía haber destinado a los pobres.

Amma ha dicho que, como personas en el camino espiritual, no deberíamos pensar en nuestra propia comodidad. En lugar de eso, tendríamos que aprender a fluir como un río. Si se encuentra con algún obstáculo, como el tronco de un árbol, el río lo rodea sin violencias. Igual que el río es capaz de cambiar su curso, nosotros debemos aprender a adaptarnos a los cambios y obstáculos de la vida. Al adaptarnos a las situaciones incómodas, nos preparamos para ser felices con cualquier cosa que Dios nos proporcione, confiando en que todo lo que verdaderamente necesitemos y merezcamos nos llegará sin pedirlo. Cuando viajamos, Amma nos alecciona para que no pidamos a la gente que se tome molestias por nosotros, ni molestemos a nuestro anfitrión con alguna petición personal adicional. No debemos crear más dificultades a los demás y tenemos que contentarnos con lo que recibamos.

Cuando viajamos con Amma en las giras por el mundo, muchas veces pasamos noches sin dormir, pues viajamos a diferentes ciudades y países cada pocos días después de largos programas que duran toda la noche. A veces ni siquiera tenemos tiempo para comer o beber nada en todo el día. Los que vienen a ver a Amma observan que realizamos un duro trabajo sin apenas dormir y no comprenden cómo podemos hacerlo. Sólo nuestro amor por Amma nos hace capaces de mantener estos horarios tan estrictos. El amor nos da la fuerza para realizar cualquier cosa en la vida.

En el *Amritavarsham50*, además de cientos de miles de devotos indios, acudieron más de tres mil personas de diferentes países para asistir durante cuatro días a las conferencias y actos culturales en conmemoración del cincuenta cumpleaños de Amma. Para muchos era la primera vez que visitaban la India y algunos encontraron las condiciones difíciles, pero nadie lo hubiera dicho al ver sus rostros. Todos irradiaban alegría. Muchos de nosotros pasamos días sin apenas comer o dormir, y sin embargo fue uno de los momentos culminantes de nuestra vida. Por su amor a Amma, la gente era capaz de pasarse horas sentada soportando el intenso calor o el ardiente sol y se sentía feliz de renunciar a su bienestar cotidiano para asistir a este acontecimiento tan especial. Cuando pensamos en cómo celebramos nuestro cumpleaños, pensamos en los regalos y en las atenciones que recibimos. Pero para Amma fue una oportunidad para que todos rezáramos juntos por la paz y la armonía del mundo.

Algunas personas se enamoran de Amma hasta tal punto que la siguen por todo el mundo, renunciando a todo para seguir a la "ladrona de corazones". Muchos occidentales incluso se han trasladado a la India para vivir permanentemente con Ella. Con el paso de los años, Amma va transformando totalmente la vida de Sus devotos. Puede que hayan tenido buenos salarios y un elevado nivel de vida, pero ese nivel de vida pierde todo el sentido comparado con la paz mental que encuentran al llevar una vida sencilla a los pies de un Mahatma. De igual modo, muchos devotos que siguen viviendo lejos de Amma han decidido dedicar su tiempo y sus talentos al servicio desinteresado, participando en las actividades caritativas de Amma en diferentes lugares del mundo. He comprobado con mis propios ojos lo que han mejorado estas personas al absorber las enseñanzas de Amma y ponerlas en práctica en su vida.

Durante la gira del sur de la India del año 2003, visitamos la ciudad de Rameshwaram. Había una gran multitud esperando recibir el *darshan* de Amma, debían de ser por lo menos veinte mil personas. El *darshan* continuó durante toda la noche y hasta bien entrada la mañana. Cuando por fin concluyó el programa, a última hora de la mañana, Amma decidió inesperadamente viajar hasta el siguiente programa vespertino en coche, en lugar del vehículo caravana que suele utilizar. No había comido ni dormido desde primera hora de la mañana del día anterior, lo que siempre era una difícil experiencia para nosotros, pero nada nuevo para Amma. Mientras viajábamos, Amma comentó que tenía un poco de hambre, así que buscamos algo para comer, pero la comida que se había preparado para Ella estaba en el otro vehículo, y Amma dijo que no deseaba que paráramos para ir a buscarla.

Pasado un tiempo paramos en un paso a nivel, y apareció un muchacho con unos tubérculos vegetales de extraño aspecto. Amma sentía curiosidad por saber qué eran, así que el conductor sacó dos rupias de su bolsillo y compró dos piezas. Estaban medio cocidos, eran muy fibrosos y algo amargos; pero tras probarlos, Amma decidió que aquella iba a ser su comida del día. Nos ofreció un poco como *prasad* y masticó el resto.

Incluso después de pasar toda la noche levantada, Amma no echaba de menos una cama donde apoyar la cabeza, sino que se contentaba con ir sentada en el coche. Después de estar más de veinticuatro horas sin comer, no le importaba comer lo que pudieron comprarle con dos rupias. Amma se muestra contenta en cualquier circunstancia, pues Su fuente de alegría no procede del mundo exterior, sino del mundo interior.

Esperar paz y felicidad del mundo exterior es como excavar un pozo en un desierto esperando encontrar agua que aplaque nuestra sed. Aunque cavemos durante años, lo más probable es que nunca encontremos agua. Si por algún milagro llegáramos a encontrarla, muy probablemente sería agua salada, que sólo aumentará nuestra sed. Cuando llegamos a Amma se aplaca nuestra sed, pues Ella nos enseña a buscar el verdadero contento en nuestro interior.

Había una vez un hombre rico que acumulaba todo su dinero y lo gastaba sólo en lujos. Un día, cuando estaba abriendo la puerta de su Mercedes Benz, pasó un camión a gran velocidad y la golpeó, arrancándola de cuajo. Llegó un policía y se encontró al hombre muy alterado, quejándose amargamente del daño causado a su precioso coche.

-¿Está usted loco? –preguntó el policía- ¡Está tan preocupado por su bonito coche que no se ha dado cuenta de que le han arrancado un brazo!

-¡Oh no! –dijo el hombre mirando hacia abajo, al ver que le faltaba un brazo-. ¿Dónde está mi rolex?

Cuando comprendamos que la felicidad no se encuentra en los objetos externos o en los placeres sensoriales, sin duda querremos dejar de malgastar el dinero en cosas innecesarias y utilizarlo para servir a los pobres.

Muchos jóvenes que han crecido en torno a Amma han aprendido esta importante lección. Este año en Europa, un muchacho suizo que es un consumado flautista había ganado un concurso nacional. Recibió el dinero del premio, pero no quiso quedárselo pues sentía que realmente le pertenecía a Amma. Le parecía que era ella quien tocaba la flauta a través de él, y quiso entregarle el dinero del premio para destinarlo a obras caritativas. Amma se sintió muy conmovida por su consideración

La hermana pequeña de aquel muchacho se sentía feliz por su éxito, pero triste porque ella no tenía nada que ofrecerle a Amma. Cuando se acercó para recibir el *darshan*, Amma le dijo: "Tú también puedes aprender a tocar un instrumento, y entonces quizás ganes un premio y des el dinero para ayudar a los niños pobres". Una semana más tarde se celebró su cumpleaños y sus abuelos le dieron dinero para comprarse unos helados. En lugar de gastarlo en su propio disfrute, fue al *darshan* e insistió en que quería emplearlo para ayudar a los demás. Amma aceptó la ofrenda y se cumplió el deseo de aquella niña.

Amma nos dice que Dios no necesita nada de nosotros, pues Dios está siempre satisfecho y pleno. Pero hay muchísimas personas en el mundo que están sufriendo profundamente y que sí que necesitan nuestra ayuda. Al servirlas, nosotros también salimos beneficiados, pues la actitud de dar a los demás nos permite abrirnos y ser más compasivos, ayudándonos a crecer espiritualmente.

De los miles de personas que acuden a ver a Amma cada día en la India, tal vez sólo el veinte por ciento viva bien y no

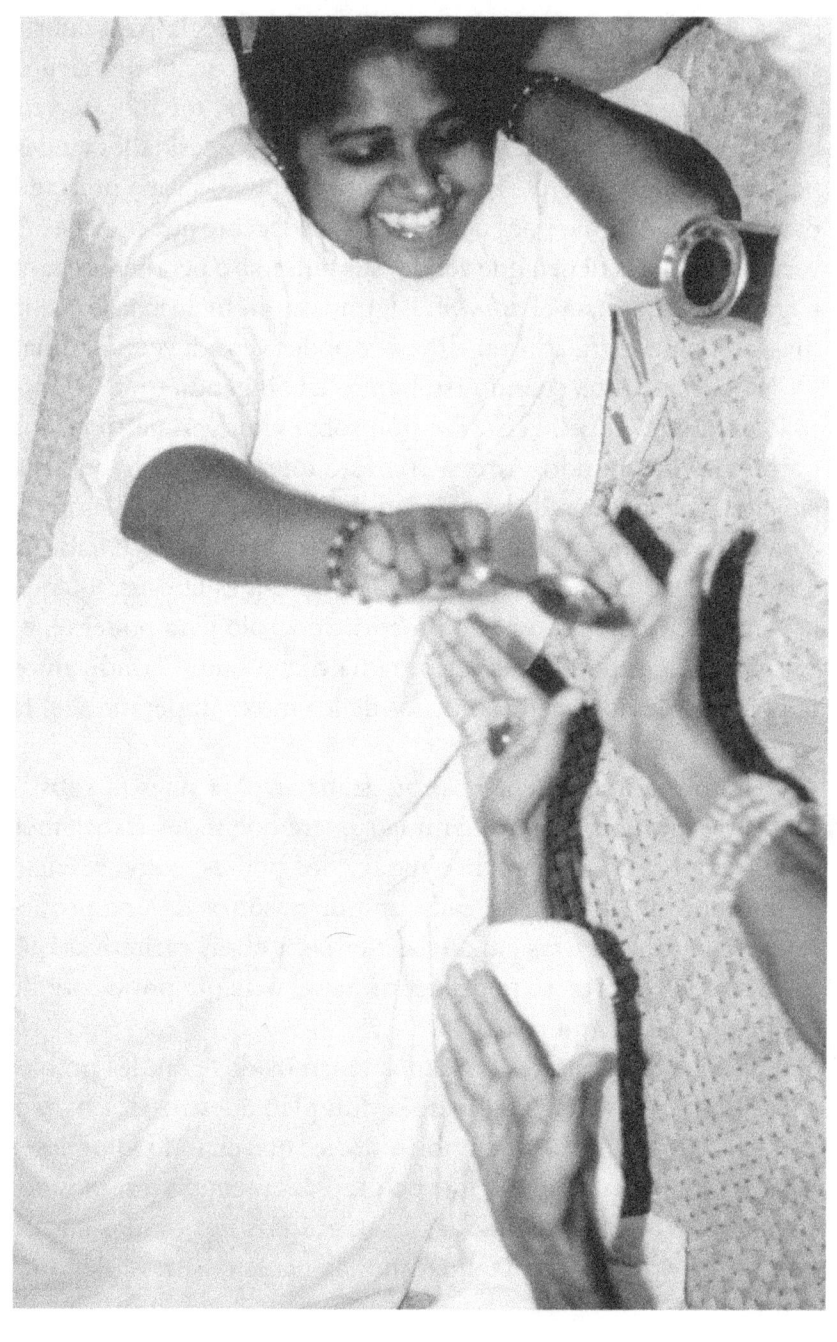

necesite nada. Otro treinta por ciento se las arregla para cubrir sus necesidades básicas, pero nada más. el cincuenta por ciento restante lucha verdaderamente por sobrevivir. A menudo se ven privadas de alimento, atención médica u otras necesidades vitales porque son muy pobres. Puede que hayan pedido ropa prestada para visitar a Amma, pues no tienen nada decente que ponerse. A veces las mujeres tienen que vender sus pulseras o pendientes para pagarse el viaje hasta el *ashram*. Algunos están incluso uno o dos días sin comer para ahorrar dinero y poder venir a ver a Amma.

Recientemente, cuando estábamos en Singapur, un periodista le preguntó a Amma Su opinión sobre el origen de todos los problemas del mundo. Amma contestó que creía que la pobreza era el mayor enemigo de la sociedad. Dijo que era una de las principales razones por las que la gente se hace terrorista, se habitúa a las drogas o comete asesinatos. La pobreza es la causa de que la gente recurra al robo o a la prostitución, sólo para poder tener un medio de supervivencia Amma ha dicho que si erradicamos la pobreza, desaparecerán muchos de los males imperantes en la sociedad.

Dado que todos tenemos que trabajar para nuestra subsistencia de un modo u otro, Amma sugiere que todos trabajemos media hora extra al día para ayudar a los pobres, como servicio al mundo. Ella dice que si cada uno de nosotros da una pequeña porción de nuestras ganancias diarias a obras caritativas que ayuden a los pobres, se podría eliminar el ochenta por ciento de los problemas del mundo.

Se dice que los seres humanos tenemos dos grandes problemas. Uno se presenta cuando no se cumplen nuestros deseos, y el otro cuando se cumplen. También se dice que cuando Dios desea castigarnos, nos da todo lo que pedimos. A menudo rezamos por muchas cosas, pero cuando las conseguimos nos damos cuenta que al fin y al cabo en realidad no las necesitábamos. Algunas personas se pasan la vida entera preocupándose por su salud o persiguiendo el renombre, la fama y las posesiones. Los que persiguen estas cosas difícilmente las consiguen, y si acaso llegaran a lograrlas, no se sentirán felices durante mucho tiempo ni tampoco encontrarán la verdadera paz de espíritu. Es mejor que las cosas nos persigan en lugar de perseguirlas nosotros. Lo que realmente necesitemos sin duda nos será dado por Dios.

Algunos tienen todos los lujos del mundo, pero siguen siendo desdichados. Hay incluso personas que viven en grandes mansiones con aire acondicionado y acaban suicidándose. Es muy raro que alguien se lamente en su lecho de muerte de no haber disfrutado de más posesiones o de más dinero. En cambio, oímos hablar de gente que lamenta no haber disfrutado más de la vida y no haber aprendido a amar verdaderamente a los demás.

Cuando nos enfrentamos a la muerte, todo lo que hemos anhelado en la vida se vuelve de pronto insignificante. Amma dice que tratamos de asegurar nuestras vidas, pensando que la riqueza nos protegerá contra lo desconocido, pero olvidamos que la muerte puede vencernos en cualquier momento. Recordando esta verdad, debemos intentar llevar una vida virtuosa. No deberíamos vivir como ese perro que ladra a su propio reflejo en el espejo, considerándolo real. Más que cazar sombras, tenemos que volvernos hacia nuestro interior para encontrar la verdadera felicidad. Cuando satisfacemos nuestros placeres sensuales, malgastamos nuestra preciosa energía vital. Un perro al masticar un hueso puede probar su propia sangre y disfrutar del sabor, creyendo que procede del hueso. Así es nuestra búsqueda de la felicidad en el mundo exterior. Lo que creemos la fuente de nuestra felicidad es sólo una ilusión que produce sufrimiento.

Nada es eterno en este mundo. Cuando sentimos apego por los objetos externos, el único resultado posible es el sufrimiento. La lección que aprendemos del sufrimiento es que debemos volvernos hacia Dios. Amma dice: "La renuncia sólo es posible cuando sentimos amor por la más alta meta Divina." No podemos forzar la renuncia; sólo podemos intentar desarrollar las buenas cualidades, y las cualidades negativas irán desapareciendo de forma natural.

Llévate estas cadenas que me atan.
Mi corazón sólo anhela amarte sin cesar
Pero mi mente, como una traidora,
Me vuelve a atraer al mundo.

Estoy atrapada sin remedio
Entre el dolor de la ilusión y el dulce gozo
De buscar tu forma misericordiosa.

¿Cuántos días de agonía
Debo soportar
Antes de que me ofrezcas el contacto
De tus pies de loto?
¿Cuánto tiempo soportará esta frágil forma
La tortura de estar separada de Ti?

Capítulo 13

La actitud es lo más importarte

"Adquirir más fuerza para afrontar los impedimentos
Que surjan en vuestro camino espiritual.
No podemos cambiar las situaciones de la vida,
Pero podemos cambiar nuestra actitud hacia ellas".
Amma

Es muy poco lo que podemos controlar en nuestra vida. No podemos controlar las acciones de los demás, ni el resultado de nuestras propias acciones. La actitud con la que realizamos una acción es lo único que *sí* podemos controlar totalmente en la vida. Amma dice que no podemos controlar el viento que sopla en el mar, pero si alineamos nuestras velas en la dirección del viento, sin duda nos hará avanzar.

La vida es una mezcla de placer y dolor; nunca faltan en ella la angustia y el sufrimiento. Sólo cuando trascendemos los deseos que albergamos podemos sentirnos verdaderamente felices y tranquilos en todo momento. Si alguien nos alaba un día y al siguiente nos critica, puede que nos sintamos molestos. Amma dice que tenemos que desarrollar una mente que no se vea afectada por estas circunstancias cambiantes. Un aspirante espiritual debe aprender a mantener la ecuanimidad y la serenidad en todas las situaciones.

Si nos fijamos en las circunstancias de la vida de Amma y en cómo las ha superado a lo largo de los años, vemos cómo es cierto que nuestra respuesta a las situaciones de la vida determina realmente nuestra experiencia interior. Aunque Amma no fue siempre bien aceptada, hoy en día es famosa por Sus extensas actividades humanitarias y Sus sencillos actos de amor que vemos a diario en Sus *darshans*. Incluso cuando se enfrentó a la adversidad y al desdén, Amma no se sintió nunca afectada.

Hace muchos años, algunos aldeanos que vivían cerca del ashram estaban totalmente en contra de Amma. No la comprendían, ni sabían nada sobre espiritualidad, así que con frecuencia se mostraban muy críticos con ella y el *ashram*. Con el paso del tiempo llegaron a comprender mejor la grandeza de Amma.

A primeros de septiembre del 2000, regresamos a la India después de que Amma pronunciara un discurso en la Asamblea General de las Naciones Unidas en Nueva York. La gente estaba muy orgullosa de ella, porque había sido la primera mujer que hablaba malayalam en la ONU. Durante muchos kilómetros por el camino que conduce al *ashram*, delante de todas las casas había lámparas de aceite encendidas en honor a Amma. La gente que antes la había injuriado ahora la honraba. En una época los aldeanos le tiraban piedras; ahora le lanzan flores.

Un día, una de las muchachas del ashram empezó a contarme lo desconsolada que se encontraba. Me dijo que se sentía muy alejada de Amma y que no tenía una relación con Ella. Entonces Amma le dio algunos consejos: "Puedes mirar al cielo y pensar '¡quiero ser como el sol!'. Pero sabes que en la práctica eso nunca podrá ocurrir realmente. ¿Por qué no intentas convertirte al menos en una luciérnaga? Basta con ser como una luciérnaga. Es posible que no seamos capaces de brillar dando al mundo esa luz y calor plenos que da el sol, pero al menos podemos ser un minúsculo resplandor en la oscuridad. Un pequeño farol de luz que señale el camino a alguien".

Las penas forman parte de la vida. Son como pájaros volando por el cielo. Basta con dejarlos volar, sin dejar que construyan su nido sobre nuestra cabeza. no tenemos que darle vueltas a las penas, ni tampoco permitir que nos acompañen para siempre. En lugar de eso, tenemos que liberarlas. Tal vez sintamos que nos encontramos en la oscuridad, pero lo cierto es que esa oscuridad no existe realmente. Amma dice: "Abre tu corazón y encontrarás que nunca ha habido oscuridad alguna, sino sólo luz. Si sentimos la oscuridad, tenemos que recordar que alberga en su seno la luz del amanecer". Amma nos dice una y otra vez que somos la luz de Dios, y que esa luz está siempre ahí, en nuestro interior. Somos nosotros los que cerramos nuestras puertas y ventanas y después nos quejamos de que no entra la luz.

Nuestra actitud determina nuestra experiencia vital, y si vamos a experimentar pena y dolor o felicidad. Nos pasamos la mayor parte del tiempo pensando en los problemas y dificultades que tenemos, en lugar de recordar todas las cosas buenas que nos han sido dadas. Hay mucha gente afectada por grandes problemas y sufrimientos. Si recordamos lo mucho que realmente tenemos, especialmente la gracia de haber encontrado a Amma, nuestra experiencia de la vida parecerá como la noche y el día en comparación.

Una mujer de Nueva Zelanda me explicó cómo un día Amma le enseñó una importante lección. Intentaba acabar de limpiar la zona de la cantina del ashram después de que todos hubieran comido. Sufría de artritis y se sentía molesta por tener que trabajar un poco más con un persistente dolor en la cadera. Entonces llegó una niña que vivía en el ashram. Tenía nueve años y era muy cariñosa. Hacía poco que se había caído y roto la muñeca, por lo que llevaba escayolado el brazo derecho. La niña se acercó muy alegremente a la mujer y le preguntó si podía ayudar. La mujer miró su escayola y le hizo ver que tenía el brazo herido. La niña respondió sonriente: "¡Bien, todavía me queda un brazo bueno para ayudar!". En aquel momento la mujer sintió que había recibido toda una lección de humildad. Aquella niña tenía problemas tan grandes como los suyos, pero todavía deseaba ayudar a los demás.

Hoy en día muy poca gente considera el servicio desinteresado con auténtico amor y alegría. Amma ha indicado muchas veces que la gente trabaja mucho en el ashram, pero no siempre con la actitud correcta. Se dice en broma que algunas chicas llegan al ashram con la disposición de ayudar. Toman una escoba y empiezan a barrer. Pero después de algún tiempo su actitud servicial se desvanece, y en lugar de utilizar la escoba para barrer, ¡van por ahí golpeando con ella a la gente en la cabeza!

Cuando vemos a gente que hace su trabajo con verdadero amor y concentración, nosotros también empezamos a participar de su alegría. Se vuelve contagiosa. Por ejemplo, algunas personas me han dicho que realmente se dan cuenta de cómo el amor que las *brahmacharinis* sienten por Amma se trasluce cuando reciben de ellas los masajes *ayurvédicos* en la clínica *panchakarma* del *ashram*. Dar un masaje puede no parecer una práctica espiritual, pero cualquier cosa, cuando se hace con la actitud correcta, se convierte en un vehículo para recibir la gracia de Amma.

La intención que hay detrás de cada acción es lo más importante y la que en último término determina el resultado. Un asesino puede utilizar un cuchillo para matar y sufrirá un karma negativo por su malvada intención. Por otro lado, un médico puede realizar una operación quirúrgica con un cuchillo con la intención de salvar la vida de un paciente. Esta intención producirá un karma positivo. Aunque el instrumento y la acción sean los mismos, la actitud que hay detrás de la acción es diferente.

Dado que la actitud determina el resultado, tratemos de realizar nuestras acciones con una buena actitud para que la gracia de Dios pueda fluir hacia nosotros.

Según Amma, la definición de la espiritualidad es que es el arte que nos enseña a vivir la vida entera de un modo perfecto. La comprensión de los principios espirituales es el tipo de conocimiento más importante que podemos obtener en la vida, pues la espiritualidad nos enseña a vivir en este mundo materialista y a dirigir nuestra vida. Aunque tengamos fe en Dios, nuestros apegos pueden agotar nuestra energía si no tenemos una comprensión adecuada. Una persona puede tener una vida feliz si comprende los principios espirituales y sabe que la naturaleza del mundo es irreal y siempre cambiante. Sin embargo, quien no sea consciente de los inevitables altibajos de la vida, sentirá dolor, temor y ansiedad.

Los obstáculos pueden hacernos más fuertes. La belleza del arco iris con su brillante espectro de colores sólo aparece cuando hay lluvia. De igual modo, la felicidad y la pena son las dos caras de la misma moneda. A través de algo negativo, también puede ocurrir algo bueno. Por ejemplo, en el año 2001, en Gujarat, El gran terremoto provocó un sufrimiento increíble en la población afectada, pero también despertó un intenso sentimiento de compasión en el corazón de muchas personas de todo el mundo que querían ayudar.

Recuerdo como me conmoví al leer un artículo sobre un grupo de maleteros gujaratis de una estación de ferrocarril de la zona y su respuesta compasiva a la devastación producida por el terremoto. Los maleteros suelen ser considerados personas insensibles, pues se ganan la vida acosando a los pasajeros y cobrándoles en exceso por llevarles las maletas. Sin embargo, este grupo de maleteros era diferente. Después del terremoto reunieron su dinero y prepararon comida para servirla gratuitamente a los que

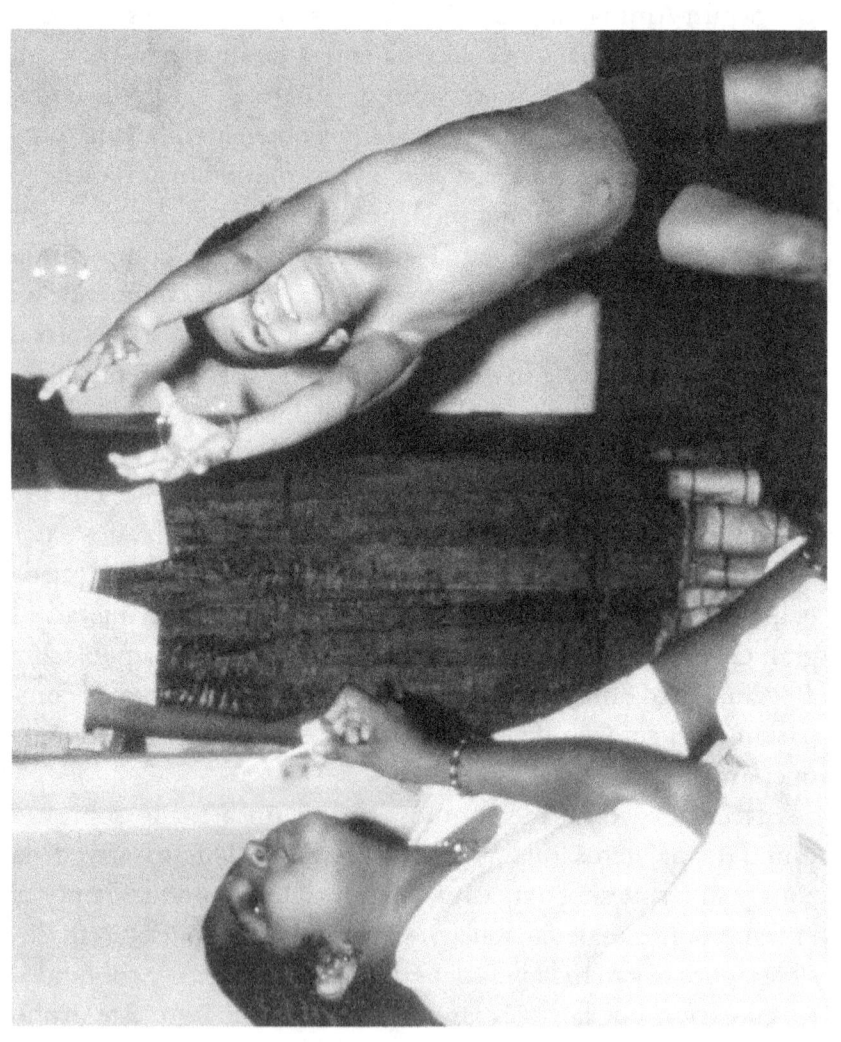

llegaban a la estación. Abrieron su corazón, cuidando a los que sufrían en lugar de preocuparse por su propio beneficio personal.

Muchos gujaratis perdieron sus hogares y a sus seres queridos en el terremoto. Cuando los devotos afectados fueron a Ahmadabad para recibir el *darshan* de Amma, ella estaba muy preocupada por ellos y por su bienestar. Les preguntó: ¿Qué tal os las arregláis? ¿Podéis afrontar esta gran pérdida?" Ellos respondieron tranquilamente: "Dios nos lo ha dado y dios nos lo ha quitado". No estaban tan consternados como habíamos imaginado, sino que aceptaban su situación.

Amma nos recuerda que los días pasan muy deprisa. Podemos reír o llorar, así que ¿no es mejor reír, mantener una actitud positiva sin importar lo que nos ofrezca la vida? Cuando estábamos en Canadá leí un artículo de prensa sobre varios incendios que se habían declarado en una zona rural. Un granjero de más de ochenta años que cultivaba patatas había visto cómo todos sus cultivos y su casa solariega habían quedado totalmente reducidos a cenizas. No le quedaba nada más que la ropa que llevaba puesta. Todo se había achicharrado. Cuando los periodistas le preguntaron cómo se sentía tras haberlo perdido todo, él respondió: "¡Creo que soy el primer granjero en la historia que ha conseguido cocinar sus patatas antes de haberlas cosechado siquiera!" Los periodistas se asombraron al ver su sentido del humor ante tan gran pérdida, y le preguntaron: "¿Cómo puede bromear sobre su situación?" Él respondió: "Bien, podemos reír o llorar, pero los días pasan volando y no tenemos que preguntarnos por qué". Esta es la actitud que todos deberíamos tener en nuestra vida espiritual.

Cada uno de nosotros puede elegir su actitud ante las situaciones de la vida. Si nos esforzamos lo suficiente, casi siempre podremos encontrar algo positivo, hasta en la que nos pueda parecer la peor situación posible. En los campos de concentración que existieron en Alemania durante la Segunda Guerra Mundial, hubo algunos hombres que son recordados por visitar las ruinosas barracas consolando a los demás y ofreciéndoles su último pedazo de pan. No eran muchos, pero estas almas generosas siempre serán recordadas. Aunque les habían quitado todo, estos pocos hombres eligieron dar hasta el mismo final, cuando ya no les quedaba nada. Al dar, eran capaces de sentir la alegría de la vida.

Es importante tener una actitud mental positiva. Debemos tener inocencia, sinceridad y una fe completa. Si nuestra actitud es tibia, nunca seremos capaces de alcanzar la meta.

Recuerdo una historia divertida de una mujer y sus dos hijos pequeños. Los niños querían ver una película determinada y le suplicaban a su madre: "pero si sólo hay *un poco* de violencia y *un poco* de sexo". La madre lo pensó y decidió que era el momento de enseñarles una lección sobre lo que podía suponer un poco de algo. Así que preparó unos pastelillos de chocolate y nueces y les dijo: "He hecho estos pasteles y sólo he puesto *un poco* de caca de perro en ellos, pero ni siquiera notaréis el sabor. Ni siquiera os daréis cuenta de que está. Y si os coméis uno, podréis ir a ver la película". Se sintieron tan asqueados que ni siquiera tocaron los pasteles. Esta historia nos muestra cómo un poco de negatividad, egoísmo o falta de sinceridad puede suponer una gran diferencia.

Si mantenemos el corazón abierto y hacemos el esfuerzo adecuado, la gracia de Dios llegará a nosotros. Un año, durante un Devi Bhava en Japón, un hombre del público cantó *Ishwara Tumhi* en japonés. Amma se sorprendió al oírle cantar este bhajan. Alguien le explicó que este hombre llevaba trabajando veintiséis años en el restaurante chino de su familia. Durante todos estos años sólo tenía un día libre a la semana, que era siempre los miércoles. Aunque hacía muchos años que era devoto de Amma, hasta entonces nunca había podido ir a verla. Este año, el programa se celebraba un miércoles por primera vez, y por fin podía venir a verla y cantar para ella. Al final de la canción se deshizo

La actitud es lo más importante

en lágrimas. Amma se sintió muy complacida al oírlo cantar con tanta sinceridad y devoción.

En otra ocasión un anciano vino al ashram a pasar unos días. Cada vez que recibía el darshan, todos veían la dulzura con la que Amma lo abrazaba. Aunque era de avanzada edad, se volvía como un niño en Su presencia. Alguien le había dado un par de camisas blancas y dos *dhotis*. Es la tradición ofrecer algo al *guru*, y él se sentía muy mal porque era tan pobre que no tenía nada que darle a Amma. Se dio cuenta de que no necesitaba dos mudas extras, y decidió darle una de las camisas blancas a Amma en el darshan. Amma se sintió tan feliz de recibir la camisa que se la puso inmediatamente y la llevó puesta hasta el final del darshan. Todos fuimos al templo para ver a Amma llevando esta camisa blanca que tan bien se fundía con el color de su sari. Era hermoso ver al anciano sentado detrás de Ella radiante de dicha, desbordando alegría porque Amma se había puesto su camisa. La madre simplemente no pudo contenerse. Tenía que ponérsela. Observando a Amma, vimos con mucha claridad que encuentra irresistible la ofrenda de un corazón inocente.

Es muy fácil sentirse tranquilo y en paz cuando nos sentamos con los ojos cerrados. Sin embargo, esa misma actitud tiene que mantenerse cuando nos involucramos activamente en el mundo. Cuando surjan situaciones difíciles, necesitamos mantener la misma estabilidad mental que tenemos cuando nos llegan las cosas buenas. Debemos ser adaptables en todas las circunstancias, capaces de mantener el equilibrio mental incluso cuando estemos en medio de una situación estresante. Esta es la verdadera prueba de la fuerza espiritual que hemos conseguido. Todo lo que podemos hacer es esforzarnos al máximo y dejar el resto en manos de dios.

Mi vida se ha partido en dos
Como un árbol abatido por el rayo.
Tu amor ha traspasado mi corazón
Y ha encendido la llama del deseo por ti.
Los crueles vendavales de este mundo
Tratan de extinguir mi amor.
Pero Tú siempre lo proteges
Y lo alimentas con Tu compasión.
Qué solitaria es esta vida,
Como una canción triste.
Voy a la deriva en medio del dolor y la ilusión
Aunque muchos me rodean,
No me pertenecen, ni yo a ellos.
Sólo Tú estás dentro de mi corazón.
Eres como la dulce rosa, incomparable
En belleza y fragancia.
Pero Tu afilada espina
Es todo lo que puedo coger.

Capítulo 14

La Madre que todo lo sabe

"¿Cómo puede decir Amma quién y qué es ella?
¿Cómo puede ser explicado ese Supremo Estado?"
                                        Amma

Hace muchos años, pasé junto a una cesta que estaba en el corredor del balcón del primer piso del ashram. Contenía unos treinta paquetes de galletas, y yo sabía que iban a ser repartidos entre los *brahmacharis*. Me pareció que una vez que llegara a los *brahmacharis* probablemente me quedaría sin ninguno. Por tanto, lo mejor sería coger mi ración en aquel momento y lugar. Miré a mí alrededor, me aseguré que nadie me veía y tomé un paquete, lo oculté bajo mi sari y seguí mi camino. Después, por la tarde, Amma me envió a una muchacha para decirme: "Amma pregunta si tienes suficiente comida en el ashram para alimentarte". Con voz ahogada y vacilante dije: "Sí", pero estaba hecha polvo. Amma sabía lo que yo había hecho, aunque no lo había visto: ¡ya no fui capaz de comerme aquel paquete de galletas!

Amma sabe todo lo que les pasa a sus devotos. Aunque esté lejos, sabe lo que nos está sucediendo y cómo reaccionamos ante cada situación.

Un día, un *brahmachari* le preguntó a Amma si sabía todo lo que estaba ocurriendo en el mundo, pues le parecía imposible. A este muchacho le gustaba tomar té, pero en los primeros tiempos

del ashram no estaba permitido, y sólo se servía leche con agua. Le preguntó a Amma que si ella estuviera meditando y él saliera del ashram a tomarse un té, ¿Lo sabría Ella? Amma contestó que sin duda lo sabría. Amma dice que aunque no siempre lo revele, desde luego sabe cuando hacemos algo incorrecto.

Puede incluso fingir haberse enterado de algo que hemos hecho por otra persona. De ese modo, puede darse una circunstancia, ya sea creada por Amma o que suceda espontáneamente en su presencia, para que ella haga salir a la superficie todos nuestros *vasanas* y poder así eliminarlos. Por ejemplo, puede que parezca que Amma está mirando a todo el mundo menos a nosotros. Pero puede que sólo nos esté poniendo a prueba para ver nuestra reacción. Del mismo modo que un médico *ayurvédico* necesita observar todos los síntomas de un paciente antes de recetarle un tratamiento, es posible que Amma desee ver nuestras tendencias antes de decidir qué *sadhana* hacernos practicar.

Hasta podría amonestarnos por algo que no hemos hecho, sólo para ver cómo reaccionamos. Aunque a veces simule que Ella no sabe nada, en otras ocasiones nos mostrará claramente que no se le escapa nada. Nosotros sólo vemos la superficie de las cosas, pero la visión de Amma va más allá de la superficie y ve el pasado, el presente y el futuro de todas las situaciones. Nuestra limitada comprensión puede causarnos algunas dudas, pero debemos tener fe en que Amma sabe muy bien lo que está haciendo.

A veces cuando le hacemos una pregunta a Amma y obtenemos una respuesta inesperada, parece como si no hubiera entendido lo que le hemos preguntado. Pero incluso años más tarde, puede que de repente comprendamos el significado de su respuesta. Otras veces es posible que no responda a nuestras preguntas. Ha dicho que no le corresponde decírnoslo siempre todo, que algunas lecciones hay que aprenderlas de la vida misma.

Un alma que ha realizado a Dios no puede cometer errores. En alguna ocasión nos puede parecer que no tiene razón, pero al final vemos que siempre tiene razón. Un día mientras viajábamos en el coche alguien notó un ligero olor a quemado. Amma insistía en que algo se estaba quemando en el coche, pero todos insistimos en que el olor a quemado procedía del exterior. Al tomar el camino de entrada de nuestro destino, empezó a salir humo del motor. Un pequeño tubo de plástico se había quedado pegado cerca de la batería Y había empezado a derretirse, causando el olor a quemado. Una vez más, Amma tenía razón. ¡Por supuesto, Amma *siempre* tiene razón!

Amma dice que ha comprendido la naturaleza de Su Ser, que es la misma que la del Ser Omnipresente. Cada uno de nosotros ha sido creado como una miniatura del macrocosmos. Por lo tanto, si podemos comprendernos a nosotros mismos, podemos comprenderlo todo. Pero todavía no hemos aprendido a conocernos. Sólo un maestro perfecto como Amma puede ayudarnos a iniciar el proceso de comprensión. Se dice que el maestro se convierte en nuestro vínculo con la Verdad Absoluta. Cada ser vivo posee las semillas de la iluminación. Cuando lleguemos a descubrirnos a nosotros mismos, lo conoceremos todo.

Una vez Amma explicó que el sol lo ilumina todo, brillando sobre todos los seres. No hay nada que el sol no pueda tocar. El sol cumple con su tarea humildemente y no reclama el mérito de brillar en todas partes. De igual modo, Amma, en Su humildad, no hará nunca gala de su omnisciencia, pero a través de nuestras experiencias con Ella llegamos a comprender Su auténtica grandeza.

Una vez en América, cuando estaba terminando un programa, una mujer se me acercó en el puesto de libros donde yo estaba trabajando. Llevaba un plato con las chocolatinas que Amma reparte como prasad durante el darshan. Como me consideraba una persona responsable, me pidió que las guardara un rato. Evidentemente estaba dispuesta a ayudar como siempre, sobre todo con este tipo de trabajo, y acepté guardar las chocolatinas.

Como solemos trabajar muchas horas cuando hay darshan y a veces no comemos hasta última hora de la tarde, a menudo nos encontramos muy hambrientos. Sintiéndome culpable, abrí una chocolatina y me la metí en la boca. Estaba riquísima, ¿Cómo conformarse con una?. Así que abrí un par más y me las metí en la boca. De pronto concluyó el darshan y Amma empezó a salir de la sala. En todos los años que Amma ha estado de gira, ni una sola vez había visitado el puesto de libros; sin embargo aquel día parece que yo la animé a venir.

Me quedé totalmente aturdida cuando Amma se acercó a mí y me acarició el pecho. Me dijo: "Hija, pareces muy delgada, ¿ya has comido?" Todo lo que pude balbucir fue "¡Mmm!" esperando no tener ninguna mancha de chocolate en la cara. Amma contestó: "Todos los demás han engordado, pero tú pareces muy delgada". Seguí sin poder decir nada, salvo otro "¡Mmm!", mientras el chocolate se deshacía en mi boca. Entonces Amma sonrió, acarició mi pecho una vez más y se marchó.

Me sentí totalmente avergonzada. Amma siempre sabe exactamente cuándo pillarnos desprevenidos y hacernos saber que no podemos ocultarle nada. Por supuesto, este incidente ocurrió hace muchos años y desde entonces me he corregido. Ahora se me puede confiar un plato de chocolatinas, ¡siempre y cuando no sea antes de la comida!

En otra ocasión Amma volvió a dejarme entrever Su omnisciencia. Íbamos en el coche después de un programa en Kuwait. Amma había dejado que una de las hijas pequeñas del conductor nos acompañara. Tenía unos ocho años y no parecía tener tanta confianza con Amma como sus otras dos hermanas, era más bien tímida en comparación. Yo la había visto cantar aquella noche para Amma, sentada al fondo del estrado, muy por detrás de donde Amma daba darshan al frente.

Amma se acurrucó cerca de ella en el coche, le besó la mano y le dijo: "Esta noche has cantado para la Madre. Amma solía cantar esa canción hace mucho tiempo". A continuación Amma se puso a cantar en voz baja la canción que había cantado la niña: *"Govinda Madhava, Gopala Keshava, Jaya Nanda Mukunda Nanda Govinda, Radhe Gopala"*.

Durante la actuación de la niña yo había estado observando y había visto que Amma no se volvió en ningún momento para verla cantar. Como habían cantado muchas niñas, me preguntaba cómo podría haber recordado la voz de aquella niña y diferenciarla de todas las demás. Era otra pequeña muestra del divino amor maternal y compasivo de Amma, que brilla con fuerza en la noche oscura.

Viajando con Amma, he visto cumplirse innumerables deseos. Amma posee la sorprendente capacidad de conocer los deseos más profundos de cada persona. Un año, durante un programa en Santa Fe, un devoto se acercó con un amigo que era completamente sordo de nacimiento. Su amigo acababa de recibir el darshan de Amma y se había quedado atónito al *oír* lo que Amma le había dicho al oído. No comprendía cómo había podido suceder. El devoto y yo nos sonreímos, pues sabíamos que aquello era uno más de los prodigios que obra la grandeza de Amma.

En otra ocasión, un joven de Iowa me contó que su abuela había ido al darshan con un terrible dolor crónico en el cuello. Le contó a Amma su problema. A la mañana siguiente, comprobó asombrada que su dolor había desaparecido totalmente.

Una devota de la India me dijo que desde hacía siete años sufría terribles migrañas y que no podía comer arroz ni fruta. Cuando fue a recibir el darshan, Amma le dio de comer un poco de arroz. Desde aquel momento sus dolores de cabeza y sus alergias alimenticias desaparecieron por completo y puede comer otra vez normalmente. Cree que por la gracia de Amma ha sido curada.

Amma visitó una vez a un devoto que estaba en el hospital curándose de unas quemaduras. Cuando Amma lo vio, le besó las manos y los pies y le dio prasad. Más tarde lloraba al contar su historia a otro devoto; explicó que era su cumpleaños y que siempre había sentido el intenso deseo de que Amma le besara las manos. Le conmovía profundamente que ella hubiera cumplido su deseo.

Aunque Amma tiene millones de devotos por todo el mundo, mantiene una relación especial con cada uno. Cuando un año fuimos a Munich, Amma preguntó por una señora mayor que solía ir a verla todos los años. Como no la vio aquel año nos preguntó a todos si la recordábamos o sabíamos dónde estaba. Yo no recordaba a la mujer, y tampoco ninguno de los otros. Pero Amma insistió mucho en que descubriéramos qué le había sucedido, pues dijo que no dejaba de venirle a la mente.

Esta anciana solía decirle a Amma que estaba sola en el mundo y que nadie se preocupaba por ella, excepto Amma. Cada año estaba deseando venir a verla. Amma siguió preguntándonos a cada uno de nosotros, pero nadie sabía darle noticias de la anciana. Nos dijo que era nuestro deber [*dharma*] averiguar qué había sido de ella. Al final descubrimos que esa mujer había muerto un mes antes de la visita de Amma. Aunque ninguno de nosotros la recordábamos, su recuerdo había quedado firmemente grabado en el corazón de Amma.

Cuando viajamos a diferentes estados de la India y alrededor del mundo, el satsang de Amma siempre se traduce al idioma local. Es algo asombroso ver a Amma en acción cuando escucha y corrige el satsang, aunque está en otro idioma. Amma nunca deja de captar cualquier error que pueda cometer el traductor, aunque no conoce el idioma. Una vez alguien le preguntó si es que comprende todos los idiomas o si simplemente lee el pensamiento a la gente. Amma contestó que aunque no conozca la lengua, Su mente le dirá si alguien está cometiendo un error.

Amma posee auténtico conocimiento de todo, aunque sólo haya ido a la escuela hasta cuarto curso. Por ejemplo, mantiene conversaciones con científicos nucleares y les aconseja sobre diversos aspectos de su trabajo. Es posible que estos científicos hayan dedicado toda su vida a estudiar complicadas materias como física nuclear, matemáticas, relatividad y mecánica cuántica, pero aún así Amma les hace notar diferentes aspectos que no han llegado a captar o comprender a lo largo de sus muchos años de estudio y trabajo en su campo. Aunque Amma sólo recibió educación formal durante unos pocos años, su conocimiento surge de un modo muy claro y espontáneo.

Lo que Amma es capaz de orquestar en cualquier momento es todo un milagro. Por ejemplo, basta con imaginar la escena un domingo de *Devi Bhava* en la india. Normalmente acuden un mínimo de entre 10.000 y 15.000 personas a recibir el darshan. Al principio del darshan, mi tarea consiste en pasarle el prasad a Amma, así que normalmente me siento cerca de Ella. Por los altavoces se oyen los *bhajans*, con el volumen tan alto que los hace vibrar, y hay que gritar para ser oído por encima de la música. A menudo tengo que librar una batalla para tratar de colocar a tiempo el *prasad* en la mano de Amma a tiempo para que Ella se lo dé a cada persona. Tengo que esforzarme para hacer una sola cosa, mientras que Amma hace otras diez cosas al mismo tiempo sin esfuerzo.

¿Os imagináis una cola de veinte bebés hambrientos, esperando a ser colocados en el regazo de Amma para que Ella les dé el primer alimento sólido de arroz con leche? Son pequeños bebés, pero con una gran capacidad pulmonar, gritando y llorando todos al mismo tiempo, agitando los bracitos y retorciéndose en el regazo de Amma. Amma trata de ponerles unos granos de arroz en la boca, y al mismo tiempo conversa con los administradores del hospital AIMS que, sentados a su izquierda, le hacen preguntas sobre el hospital. Los *brahmacharis* que dirigen las escuelas universitarias de ingeniería e informática aguardan para hacer también sus preguntas. Al mismo tiempo, un joven se inclina sobre el hombro derecho de Amma intentado llamar su atención. "*¡Amme, Amme!* (tocándola), *¡Amme, Amme!* Me duele un poco el codo izquierdo. Mira, Amma, mira. ¿Puedes tocármelo, Amma? ¡Amma, tócalo!, ¡Amma, tócalo!"

Además, una de cada tres personas que vienen al darshan le dice: "*Mantra*, Amma, quiero un *mantra*". Amma transmite los *mantras* en el lado derecho susurrándolos al oído. Contesta a cada una de las preguntas, mientras mira hacia las chicas para consolar a alguien que está llorando y diciendo: "Amma nunca me mira, me parece que ya no me quiere".

El *darshan* sigue su curso, miles de personas por hora. Un occidental le pide: "Nombre, Amma, quiero un nombre". Mientras tanto el muchacho que se inclina sobre Su hombro derecho le dice: "*¡Amme, Amme!*, ¿Puedo traerte algo de beber, Amma? ¿Puedo traerte algo de beber, Amma? Amma, ya no me duele tanto el codo, pero podrías tocarlo de nuevo a ver si se cura del todo. También podrías tocarme el otro brazo, por si acaso". Al final, Amma tiene que acariciar sus dos brazos para que la deje en paz.

Amma lo hace todo a la vez con toda su concentración. Yo intento hacer sólo una cosa y me resulta difícil.

Una vez, al final de un *Devi Bhava*, necesitaba hacerle a Amma una pregunta importante para otra persona. Había estado dando darshan sin parar a 15.000 personas sin dormir en toda la noche. Cuando por fin acabó el *Devi Bhava*, era media mañana del día siguiente. Yo estaba agotada por la falta de sueño, pero Amma seguía en buena forma. Fui a su habitación y le hice la pregunta. Amma me dio la respuesta y se puso a charlar de otros temas. Terminó contándome toda la historia de la India, desde la antigüedad hasta nuestros días. Era una perfecta profesora de historia. Tardó una media hora.

Durante la conversación, resolvió incluso ecuaciones matemáticas mentalmente. Me dijo: "Si dividimos 680.000 entre 28, tendremos 24.285, y si esto lo multiplicamos por 18, nos dará 437.141. No, no, 437.142. correcto ¿verdad?" Bueno, la cabeza me daba vueltas sólo tratando de seguirla. De ninguna manera habría intentado sumar esas cifras sin una calculadora, pero la mente de Amma es brillante.

En otra ocasión, Amma quería que hiciera algunos cálculos mientras viajábamos en avión. No tenía calculadora y acabé escribiéndolo todo en un papel, y luego sumando una larga lista de números. Tardé unos diez minutos en hacerlo, y al final se lo enseñé a Amma. Lo miró unos segundos y dijo: "Creo que has cometido un pequeño error en la suma, justo aquí", y señaló directamente el error en una página llena de cifras.

Una noche cuando estábamos de gira en Santa Fe, me alojaba en la habitación contigua a la de Amma. Aunque acostumbro a dormir en una habitación próxima a la de Amma, en los últimos años no había tenido la oportunidad de dormir en su habitación, como había hecho en alguna ocasión en los primeros años. De pronto, pensé lo maravilloso que sería dormir junto a Amma y abrazarla. La idea me sorprendió, pues normalmente me contento con estar en segundo plano y no anhelo con frecuencia, como hace la mayoría de la gente, estar físicamente cerca de Amma. Pero aquel pensamiento me pasó rápidamente por la cabeza, y luego me puse a dormir.

Unas horas más tarde, durante la noche, alguien vino a decirme que Amma me llamaba. Entré en su habitación y Amma me pidió que le masajeara las piernas. Por la altitud y el clima de Nuevo México, Amma a menudo pasa varias noches sin dormir, como había ocurrido en esta ocasión. Así que le di un masaje en las piernas, confiando en que le ayudara a descansar. Al cabo de un rato me dijo: "Sólo si te tumbas junto a Amma y la abrazas, la Madre podría dormir". Esto me sorprendió totalmente, pero lo hice y Amma se durmió rápidamente.

Hasta un simple deseo fugaz mío, Ella lo había satisfecho tan rápidamente. ¿Qué decir entonces de nuestras plegarias más sentidas, que es todavía más probable que Ella nos conceda?

¿Es que no oyes el llanto de mi corazón angustiado?
¿No ves cómo derramo ardientes lágrimas?
El mundo ha perdido la dulzura.
Sólo deseo beber el néctar

De Tu compasiva forma.
Mi corazón está destrozado
Por este amor no correspondido.

Espero aquí con el corazón tembloroso
Sabiendo que no merezco ofrecerme a Ti
¿Qué puede hacer este alma desdichada?
Me estoy ahogando en un mar de dolor.

Capítulo 15

Transformando vidas

*"Hasta lo más insignificante que hagamos por los demás
Puede producir una gran transformación en la sociedad.
Puede que no veamos el cambio inmediatamente,
Pero toda buena acción sin duda tiene su recompensa.
Incluso una sonrisa es sumamente valiosa,
¡Y una sonrisa no nos cuesta nada!"*

Amma

Había una vez un hombre que quería cambiar el mundo. Rezó a Dios diciendo: "Oh Señor, dame energía para cambiar este mundo." Pasado el tiempo, cuando habían transcurrido muchos años y era ya un hombre de mediana edad, se dio cuenta de que no tenía fuerzas suficientes para cambiar el mundo. Ya no era joven y rebelde. Así que empezó a rezar: "¡Oh Señor, dame la fuerza necesaria para cambiar a mis parientes." Pero estos eran mucho más jóvenes y fuertes y no tenían interés en cambiar. Así que empezó a rezar: "Dame la fuerza necesaria para cambiarme a mí mismo" Sólo entonces su deseo le fue concedido. Si nos cambiamos a nosotros mismos, todo lo demás le seguirá naturalmente.

Todos los grandes maestros espirituales dicen que la felicidad no se encuentra en el mundo exterior sino en nuestro interior. Un Mahatma no viene a cambiar el mundo, sino a inspirarnos para que realicemos el cambio en nuestro interior. No van a hacer todo el trabajo por nosotros, pero serán el catalizador y la inspiración para que llevemos a cabo esa transformación.

Podemos intentar modificar todas las circunstancias externas de nuestra vida para ser más espirituales. Podemos cambiar de nombre, irnos a vivir al extranjero, tomar otra comida o ponernos un pendiente en la nariz igual que el de Amma. Podemos cambiar todas estas cosas externas pero, si nuestras mentes siguen igual, todos nuestros problemas nos acompañarán allá donde vayamos. Nuestros miedos y preocupaciones seguirán siendo los mismos. Se pueden cambiar las circunstancias externas, pero sólo una gran maestro como Amma puede eliminar los miedos y preocupaciones de nuestra vida cambiando nuestro corazón. Amma nos transforma desde el interior, ayudándonos a realizar la verdad de nuestra Naturaleza Divina.

Una devota me contó que desde que había conocido a Amma había dejado de comprar saris nuevos. Así ahorraba el dinero que se gastaba en ellos y se lo entregaba a Amma para los pobres, porque Amma le había inspirado para llevar una vida más simple.

Una mujer de Mysore me contó que, tras aprender la técnica de meditación IAM de Amma, su vida había mejorado enormemente. Esta mujer, viuda y madre de tres hijos, trabajaba en una escuela de Amma barriendo, dedicándole doce horas de trabajo duro cada día. Me dijo que antes de aprender la meditación, padecía dolores en todo el cuerpo, asma y fatiga. Desde que practicaba IAM con regularidad, todos esos síntomas habían desaparecido. Añadía que seguía siendo consciente de los problemas que existían en su vida, pero ya no les prestaba atención ni se preocupaba tanto por ellos. Ahora entrega sus problemas a Amma. Había encontrado la paz que necesitaba en su vida.

La mayoría de la gente de este mundo es muy desdichada. Los jóvenes crecen sin saber a qué recurrir en su vida que les dé paz o satisfacción. Pero los niños que crecen conociendo a Amma aprenden a desarrollar las buenas cualidades desde el mismo principio. Este era el caso de un niño francés que hacía la gira por la india con su madre. A sus siete años, solía leer sus libros o se entretenía de alguna manera. Durante uno de los programas en Mysore, me quedé sorprendida al verlo entre la multitud sirviendo agua a los devotos. Llevaba un vaso y una jarra de agua, y avanzaba contento por los pasillos ofreciendo agua a los devotos sedientos, al igual que el resto de voluntarios adultos a los que se les había asignado este seva. Gracias a la influencia de estar cerca de Amma y de sus devotos, el deseo de servir a los demás se estaba formando en su joven mente.

Muchas personas acuden a Amma sin haber entendido el sentido de la vida o la razón de su existencia. El contacto con Amma ha modificado sus valores y sus deseos en la vida, llenando su existencia de sentido y felicidad.

Mientras estábamos en Munich, en un programa que se realizaba en una sala cercana a una famosa zona de cervecerías, un hombre ebrio entró dando tumbos desde la calle por la que casualmente pasaba. No era capaz de entender qué estaba ocurriendo, pero cuando recibió el darshan de Amma cuando Ella salía al final del programa, se mostró totalmente encantadora con él. A la noche siguiente se presentó de nuevo, bien vestido y sobrio, ansioso por probar otra dosis del Amor Divino de Amma, una bebida mucho más fuerte que cualquier otra que hubiera probado en su vida. En la actualidad no se pierde ni uno de los programas de Amma en Alemania, y a veces viene a la India a pasar unos meses en el *ashram*.

A algunas personas les resulta duro el viaje a la India para estar con Amma; el clima y el calor, la comida y las multitudes son una carga para su cuerpo. Les es difícil entender un idioma, unas costumbres y unas tradiciones poco familiares. Pero están dispuestos a soportar cualquier penalidad con tal de disfrutar una vez más del amor incondicional de Amma.

Un italiano octogenario estuvo viniendo durante muchos años a la gira del norte de la India, ya que decía que la encontraba muy vigorizante. A pesar de los extenuantes viajes en autobús y los largos programas, decía que las giras le daban mucha energía. A algunas personas más jóvenes les resultaban mucho más agotadoras que a él, pero él aceptaba de tan buen grado las situaciones que se le presentaban durante la gira, que era capaz de encontrar alegría y entusiasmo en casi todas las circunstancias.

Algunas personas quizás no entiendan bien el significado de la entrega en la vida espiritual. Pueden creer que significa debilidad, que se trata de obedecer ciegamente unas órdenes o reglas. Pero nadie trata de esclavizarnos. De hecho, ya somos esclavos de nuestros propios apegos, los cuales nos causan un gran sufrimiento. Si somos capaces de aprender a renunciar a nuestros apegos, Amma nos guiará paso a paso hacia la libertad. Para muchos, el primer paso es aprender el arte de soltar, el arte de liberar nuestro aferramiento egoísta en la vida para Desapegarnos gradualmente de nuestros apegos y expectativas. Para erradicar el egoísmo que nos ata y esclaviza, debemos esforzarnos por desarrollar las cualidades de amor y la compasión encarnadas por Amma. Amma intenta mostrarnos cómo alcanzar la libertad, la verdadera libertad. Es muy difícil que podamos conseguirlo por nuestros propios medios, pero con la gracia de Amma cualquier cosa es posible.

Cuando los seres humanos corrientes nos miramos mutuamente, tendemos a ver solamente la fealdad del ego del otro. Sin embargo, cuando nos miran los grandes Santos como Amma, sólo ven la divinidad que vive en nuestro interior. Ven la pureza y magnificencia de nuestras almas, la perfección y el potencial divino que yace latente en nosotros. Puede que sólo veamos en los demás trozos de roca, pero Amma nos ve como diminutos

diamantes. De la misma manera que los diamantes necesitan ser pulidos para suavizar sus afiladas aristas, nosotros también tenemos que pasar por un proceso de pulido.

El deber de Amma es completar este proceso. Ella dice que en realidad no tiene que hacernos nada en absoluto. Le basta con juntarnos a todos y el proceso se pone en marcha automáticamente. Parece que todos tenemos nuestras propias maneras de sufrir roces con los demás creando fricción, y eso es todo lo que se necesita para suavizar los bordes desiguales. Todo lo que Amma tiene que hacer es apretar el botón para que el proceso dé comienzo. ¡Y ciertamente sabe cómo apretar nuestros botones!

Muchas veces quizás no seamos capaces de ver el cambio en nuestro interior, pero puede que los demás sí aprecien las diferencias. Cuando paseamos por la playa, puede que vayamos mirando hacia abajo y no nos damos cuenta de lo lejos que hemos llegado hasta que llegamos al final de la playa. Entonces miramos hacia atrás y nos cuesta creer la distancia que hemos recorrido. De igual modo, tenemos que seguir esforzándonos por cambiar, aunque no podamos ver de inmediato lo que hemos conseguido con nuestros anteriores esfuerzos.

Algunas personas conocen a Amma y sus vidas se transforman de inmediato. Otros devotos, con el paso de los años, poco a poco piensan en renunciar a las cosas del mundo a las que están apegados. Algunos vuelven a su hogar después de haber estado en el *ashram* de Amma en la India y se dan cuenta de que las cosas que antes les daban satisfacción ya no lo hacen. Quizá dejen de ir al cine o de beber. Eligen mejores compañías y pasan más tiempo con otros devotos que van a los satsangs.

Para muchos, es el darshan de Amma el que en un primer momento les conmueve profundamente e inicia el proceso de cambio. Una mujer contaba cómo con los años notaba que se sentía más segura de sí misma y se relacionaba más fácilmente con los demás. Poco a poco se ha ido orientando más hacia el servicio, al darse cuenta de que, aparte del *darshan* de Amma, la mejor manera de acercarse a Dios era haciendo servicio desinteresado. Aunque los cambios han sido lentos, le parece que la única dirección posible apunta hacia una vida más espiritual.

Este lento proceso de desarrollo espiritual es más duradero que el cambio repentino. Cuando la gente avanza con demasiada rapidez, tiende a retroceder a sus viejos hábitos porque los vasanas son demasiado profundos y difíciles de eliminar de golpe. Un chacal puede asegurar que no volverá a aullar a la luna, y cumplirá su palabra durante un mes... ¡hasta la siguiente luna llena!

Miles de personas han acudido a Amma, han sentido Su Amor Divino y han desarrollado una nueva actitud ante la vida. Sus vidas se han visto realmente transformadas. En el pueblo donde Amma creció, muchos de sus habitantes se opusieron al ashram durante los primeros años, pero hoy son seguidores incondicionales. Incluso los cuñados de Amma estaban al principio en contra del ashram. Pero al casarse con las hermanas de Amma, se han convertido en algunos de sus devotos más fervientes.

Una señora suiza compartió con nosotros una conmovedora experiencia sobre su encuentro con Amma. Había sufrido una profunda depresión mental por la que finalmente ingresó en un hospital psiquiátrico. Al año siguiente conoció a Amma y preparó una larga lista de preguntas que hacerle, con la esperanza de que ella la curara de su enfermedad. Amma sólo le contestó que meditara diez minutos al día. A la mujer le parecía que no tenía fuerzas para hacerlo. A los tres meses pudo salir del hospital, pero sin muchas esperanzas de superar su enfermedad.

Aunque tenía claro que Amma era un *Mahatma*, pensó que ni siquiera ella podía ayudarle a superar su terrible depresión. Se sentía condenada por su enfermedad, como si estuviera en una cárcel sin salida. Su hermana le preguntó en una ocasión a Amma que más podía hacer para ayudarla. Amma le contestó: "Dile a tu hermana que está bajo la protección de Amma".

A pesar de su enfermedad, se unió a su madre de noventa años en la tarea de plastificar las fotos y adhesivos que se hacían para venderlos en la tienda. Poco a poco empezó a sentir cierta satisfacción al poder ayudar a los demás con este servicio desinteresado.

Al año siguiente, cuando Amma visitó su ciudad durante la gira, esta mujer la acompañó a dar un paseo por los jardines de la casa de su hermana, donde Amma se alojaba. Durante el paseo, Amma se sentó a meditar sobre un pequeño puente de madera, y la mujer se sentó con los demás a la orilla del río. Mientras escuchaba el borboteo del agua, sintió de repente que la pesada carga que llevaba sobre sus hombros se iba con el agua del río. La noche siguiente tuvo otra poderosa revelación, cuando Amma volvía de la sala donde se celebraba el programa a primera hora de la mañana. Amma la adelantó por las escaleras y le tocó la mano. A través del contacto físico de Amma, experimentó en un instante que *Amma es la Auténtica Verdad*. Sintió en lo más profundo que Dios la aceptaba y no la condenaba, como siempre había pensado.

Esta mujer sabe que Amma ha trabajado en ella desde el interior. Quizás fueran los actos de servicio los que atrajeron la gracia que propició la curación. Con la gracia de Amma, pudo dejar de tomar antidepresivos, y está convencida de que la meditación IAM de Amma la ayuda a mantener el equilibrio interior. Ha sido aliviada de la profunda depresión que llenó de oscuridad tantos años de su vida. Es como si le hubieran dado una segunda oportunidad en la vida.

Cuando nos encontramos en presencia de Amma y empezamos a anhelar hacernos uno con Ella, todo lo que hay en nuestro interior que no está en armonía con Su amor divino y su pureza perfecta empieza a salir a la superficie naturalmente. Entonces puede ser eliminado o transformado en algo mejor. Sólo cuando nos damos cuenta de nuestras debilidades podemos empezar a trabajar conscientemente para transformarlas.

Amma ha dado a todo el mundo un nuevo comienzo. Con la nueva comprensión de cuál es el verdadero objetivo de la vida, Amma ha abierto, por el poder de Su amor, la posibilidad de vivir una vida llena de sentido donde quiera que estemos en el mundo. Ella ofrece Su propia vida como el perfecto ejemplo de las buenas cualidades para que nosotros nos esforcemos por asimilarlas e imitarla. Amma está inspirando a millones de personas en todo el mundo a ayudar, amar y servir a la humanidad.

Los cambios que se producen en las personas son como el gusano de seda que teje su propio capullo: permanece encerrado durante un tiempo para después escapar de su envoltura en forma de colorida mariposa que extiende su hermosura y su milagro por todo el mundo. Amma metamorfosea a sus hijos en estas maravillosas mariposas. El capullo del amor de Amma que nos envuelve a cada uno de nosotros nos nutre y crea una transformación mágica. Entonces se nos echa a volar en el mundo para realzar la belleza de su creación.

¿Podéis imaginar la dicha en el rostro de Amma cuando contempla a Sus mariposas revoloteando a su alrededor, con su blanco sari agitado suavemente por la brisa? Con Su sonrisa y Su risa, se deleita en el gozo de haber creado tan bellas mariposas para erradicar las penas del mundo y añadir otro exquisito toque a Su creación.

Cuánto deseo contemplar Tu hermosa forma
Pero sólo con vislumbrarte
Mis ojos impuros habrán de caer.

Tus ojos de loto
Llenos de amor y compasión,
Derriten mi malvado corazón.

Sueño contigo
Y a esos sueños me aferro
Tan cerca,
Y sin embargo tan lejos.

Capítulo 16

Reconstruyendo cuerpos, mentes y almas

"Hay siempre un mensaje divino escondido
En las experiencias aparentemente negativas que vivimos.
Sólo tenemos que mirar bajo la superficie de una situación,
Y nos será revelado el mensaje.
Pero generalmente nos quedamos en la superficie."

Amma

Lo han llamado el domingo negro, el día después de la Navidad de 2004, cuando el tsunami golpeó el sudeste asiático y la India. Cambió muchas vidas que ya no volverán a ser las mismas. Se pueden reconstruir los hogares rotos pero ¿cómo reconstruir las vidas rotas? Cuando uno ha visto con impotencia cómo se extingue la vida ante sus ojos ¿cómo es posible seguir siendo el mismo?

Miles de personas de los pueblos de la costa perdieron la vida. Fueron innumerables las que perdieron sus hogares, los que de hecho lo perdieron todo bajo las enormes y veloces olas que sacudieron las costas. La mayoría de la gente que vive cerca del *ashram* ya tenía poco para empezar; ahora ya no tenían nada. Muchos padres en las aldeas perdieron a sus hijos. Aunque hicieron todo lo que pudieron para sujetarlos entre sus brazos cuando el mar se precipitó sobre ellos, la oleada de agua era demasiado fuerte y sus hijos fueron arrastrados. ¿Cómo afrontar de nuevo el mundo cuando has visto a tus propios hijos arrancados de tus brazos?

Hemos oído historias de personas que vieron impotentes cómo se ahogaba uno o más miembros de su familia. Un joven estaba sujetando a su padre pero se le fue de las manos, y tuvo que ver cómo se hundía delante de sus ojos. Nunca volverá a ser el mismo. Algunas mujeres se quejan que no pueden dormir, porque cuando se acuestan vuelven a revivir la escena de la marea, y eso les produce un fuerte dolor de cabeza. Hay multitud de historias de pérdidas desgarradoras, y toda la sociedad ha llorado el sufrimiento generalizado, no sólo aquí en la India sino también en otros países.

Amma ya advirtió en la gira del verano de 2003 que podrían producirse grandes catástrofes en todo el mundo durante el año 2005. Pero dijo que no había nada que pudiéramos hacer, salvo rezar. El astrólogo del ashram me había comentado justo el día anterior que el 26 de diciembre marcaría el principio de una mala época. Ninguno de los dos teníamos ni idea de lo corto que se iba a quedar ese pronóstico. Incluso durante el programa de la mañana del día del tsunami, Amma tuvo el ominoso presagio de que algo malo iba a ocurrir. Intentaba terminar frenéticamente el darshan lo antes posible. Un *brahmachari* le había informado de un extraño fenómeno, que el agua del mar había retrocedido. Amma sabía que lo que retrocedía tenía que volver, así que recomendó que todos los vehículos fueran trasladados de la costa hacia el interior. Había numerosos vehículos del ashram, autobuses y coches de devotos, unos doscientos, pero todos se salvaron gracias al presentimiento de Amma. También dio instrucciones para que todo lo que estaba en la planta baja del edificio de *Ayurveda*, que está en la misma playa, se trasladara a pisos más altos.

Tan pronto como se informó a Amma de que las aguas crecidas se encontraban al otro lado de los muros del ashram, empezó a dar instrucciones para hacer frente al peligro potencial. Dijo que había que desconectar la electricidad y que había que informar a la ciudad vecina para que se apagara el transformador que suministraba electricidad a toda la isla, poniéndonos a salvo de posibles casos de electrocución. Al poco rato, una oleada torrencial de agua barrió el ashram, llegando a la altura de la cintura y mucho más arriba en algunos sitios. Cuando las aguas empezaron a retroceder, Amma vadeó por el agua turbia. Examinó la situación y empezó a supervisar la evacuación de visitantes, residentes y gente del pueblo que había buscado refugio en el ashram.

El AICT (Amrita Institute of Computer Technology) y la Escuela Amrita de Ingeniería, al otro lado de los brazos de mar, se convirtieron en refugios para miles de personas, muchas de las cuales habían perdido su hogar. La recién construida Escuela de *Ayurveda* se convirtió en centro de emergencia para quienes habían perdido algún familiar y en hospital para los enfermos o heridos. Además, todas las escuelas de Amma funcionaron como refugios de emergencia. Amma se encargó de que se proporcionara comida a los varios miles de afectados y se organizó el reparto de ropa para las personas del pueblo que lo habían perdido todo. Amma visitó a los devotos de la zona, consolándolos y reconfortándolos en este momento de pérdida irreparable.

Tras la inundación, Amma se encargó de la seguridad y la protección de Sus hijos a cada momento, incluyendo a Sus hijos animales. Cuando todos fueron evacuados del *ashram*, Amma declaró tajantemente que no se iría de allí hasta que hubieran sacado primero a los elefantes y las vacas. Temiendo que las aguas crecieran de nuevo, se aseguró que los animales estuvieran a salvo en el edificio del templo, ¡que empezaba a parecer una pequeña arca de Noé! Más tarde, pasada la medianoche, cuando ya estaban

a salvo las vacas en el interior del templo y se había llevado a los elefantes atravesando la península hasta un lugar del interior, a hora y media a pie del *ashram*, sólo entonces se marchó Amma.

Cuando Amma llegó al otro lado de los canales, nos dimos cuenta que tenía los labios secos. Se había negado a tomar ni siquiera un sorbo de agua en todo el día. ¿Cómo podía beber cuando había tantos muertos? Durante días después de la devastación, Amma caminaba descalza. Desde el momento en que dejó el *ashram* y cruzó los canales, e incluso cuando visitaba los terrenos y los campamentos de refugiados levantados en los institutos, se negó a ponerse las sandalias. Era como si hubiera decidido no llevar calzado mientras tantas personas estuvieran sufriendo.

Hasta primera hora de la mañana siguiente a la inundación, Amma contó incansable la historia del tsunami, una y otra vez, a todos los devotos que llamaban al ashram preocupados por todos los que estaban allí. Una *brahmacharini* que vivía en una escuela de Amma en otro estado, dijo que sólo después de escuchar a Amma contar los detalles del día y todo lo que había ocurrido, su mente pudo tranquilizarse. Amma lo sabía y por eso se esforzó por tranquilizar a todos los que estaban preocupados por nosotros. Incluso por teléfono, Amma intentaba consolar a los demás y aliviar su angustia.

Los devotos demostraron que habían asimilado las enseñanzas de Amma sobre el desapego y la renuncia durante la evacuación de emergencia. En el momento de la evacuación, la mayoría de los visitantes y residentes no llevaba nada consigo más que lo puesto. Ni una esterilla para echarse, ni una manta para taparse por la noche, ni siquiera un cepillo de dientes. Pero la gente se encontró con que se las arreglaba alegremente, aunque no estuvieran rodeados de sus pertenencias personales habituales. El triste recuerdo de aquellos que lo habían perdido todo hacía más fácil estar agradecido por la ropa que llevaban y por tener un lugar seguro y seco para dormir.

Personas de todos los rincones del mundo abrieron sus corazones en respuesta al sufrimiento de tantos otros. El cuerpo, la mente y el alma de Amma clamaban por todos ellos. Ella pudo ofrecer no sólo ayuda económica y física, sino también consuelo para sus corazones y almas. Amma pidió a todos que se unieran para rezar por los vivos y por quienes habían sido llevados de esta tierra, en ese momento trágico.

Una mujer de Chennai nos contó una historia. Dijo que había visto en la televisión a una pobre mujer y a su hijo hambrientos, esperando el reparto de alimentos. Cuando por fin llegó el camión con la ayuda, les entregaron unos paquetes de comida. Por la cara de la mujer, del paquete salía un olor repugnante. Aunque estaban muy hambrientos, fue incapaz de comer cuando olió aquella comida en mal estado. Así que ella y su hijo dejaron de mala gana el paquete debajo de un árbol. Un perro se acercó y lo olió: hasta él se negó a comerlo. Este desperdicio de comida ocurre a menudo cuando se envasa en caliente antes de enfriarse.

Las organizaciones de ayuda intentaban ayudar pero, por desgracia, no estaban bajo la supervisión de alguien como Amma, que amorosamente se aseguraba que la comida servida a la gente no estuviera en paquetes, sino recién hecha y caliente en grandes recipientes traídos directamente de la cocina. Ella sabía lo triste que estaba la gente, así que hizo todo lo posible para asegurarse de que se cocinara el arroz y la comida que les gustaba.

Sólo Amma conoce de verdad los corazones de los que sufren. Aunque nosotros podamos pensar a menudo en palabras de consuelo que decir a la gente, es posible que esto no tenga un profundo efecto. Pero una sola caricia amorosa de Amma, quizás sin ninguna palabra que la acompañe, o una lágrima silenciosa derramada al abrazarlos sin más, es suficiente para disipar parte de su dolor.

La Madre estaba tan consternada por la situación de las personas que no tenían nada, que una noche se pasó horas cosiendo combinaciones para las mujeres del pueblo. A raíz de aquello donó máquinas de coser y ofreció formación para que las mujeres aprendan a coser y así puedan tener alguna forma de ganarse la vida en el futuro.

Aunque el *ashram* no sufrió ningún daño estructural, el agua putrefacta y el barro anegaron las oficinas de las plantas bajas y los almacenes. Todo el mundo trabajó codo con codo con gran amor, entusiasmo y devoción para recuperar lo que se pudiera de entre los restos. Limpiamos cada zona, trabajando duro pero felices de hacerlo en semejante momento de necesidad.

Todos los residentes del *ashram* y también los visitantes participaron en las tareas de ayuda a los habitantes del pueblo. Un hombre alemán de avanzada edad que trabajaba constantemente en la cocina dijo: "Mi única oración es que me dejen hacer algo útil para los demás. Lo que más me entristece es ser un hombre viejo, ya que podría haber hecho mucho más por ayudar si fuera más joven". Los devotos indios enviaron camiones con ropa para ser entregada a la gente del pueblo cuyas casas habían sido destruidas. Durante días, las mujeres trabajaron juntas para clasificar y doblar las montañas de ropa.

En menos de cuatro días después de haber decidido realojar a los refugiados del tsunami, el alojamiento temporal del ashram estaba casi completamente terminado. Los residentes y otras personas que ayudaban trabajaron noche y día para terminar estos refugios para la gente que los necesitaba. El *brahmachari* encargado de la construcción de los refugios trabajó sin descanso. Amma lo llamaba por la noche cada dos horas para comprobar cómo avanzaba. Él siempre estaba allí, olvidándose de descansar durante días para terminar esos edificios tan desesperadamente necesarios. Nueve refugios se terminaron en menos de cinco días al lado del *ashram*..

Es difícil describir el amor con el que trabajan los devotos de Amma. La actitud con la que realizaron sus acciones es algo que sólo otro devoto puede entender de verdad. La gente que sólo busca los placeres materiales nunca comprenderá la clase de amor con la que estos voluntarios realizan su trabajo.

Tras el tsunami, Amma continuó durante meses dando tres comidas diarias a casi 27.000 personas, tanto en Kerala como en Tamil Nadu. Insistía en que los refugiados debían comer primero y sólo después los residentes del ashram, en el verdadero espíritu de poner a los demás por delante de nosotros.

Aunque las aldeas de la costa de Kerala nunca volverán a ser las mismas, cuentan con la gracia de tener cerca a Amma, que cuida de ellos y los ayuda cuando puede. Cuando un periodista le preguntó a Amma cómo había podido comprometerse a dar 23 millones de dólares para ayudar a las víctimas del tsunami en el sur de la India, Ella contestó: "Los residentes del ashram trabajan día y noche y no cobran por su trabajo. Ellos se encargan del transporte, de la construcción y manejan las excavadoras. No hay contratistas. Todos los materiales –ladrillos, ventanas, puertas y muebles– los hacen nuestros *brahmacharis*. Nosotros nos encargamos de la electricidad, la fontanería y el trabajo estructural. La construcción no es nada nuevo para nosotros. Durante años hemos estado levantando casas gratuitas para los pobres en cuarenta y siete emplazamientos de toda la India."

Amma continuó diciendo que había podido conseguir tantas cosas gracias al trabajo desinteresado de los devotos. Amma no se proclama autora de nada Ella misma. Nunca lo ha hecho. Desde el principio, cuando hizo el primer milagro, asegura que fue hecho con la ayuda de otras personas. Así es de humilde.

Tras la inundación, vinieron algunos hombres de Gujarat para participar en las tareas de ayuda. Habían recogido arroz y numerosos artículos para la gente de los pueblos, pero descubrieron con tristeza que alquilar un camión para transportarlo todo a Kerala costaba mucho más que el propio material. Así que donaron todos los bienes al gobierno local en nombre de Amma y decidieron viajar al ashram para ayudar. Le dijeron a Amma: "Tú estuviste allí cuando necesitábamos ayuda; ahora que el pueblo de Amma ha sido destruido, queremos ayudaros a reconstruirlo". Amma estaba tremendamente conmovida por su sincero gesto, así que los envió a ayudar en la construcción de refugios temporales.

En el momento del tsunami, más de 15.000 personas se encontraban en el ashram, justo al lado de la costa, pero por la gracia de Amma no hubo ni un solo herido. Aunque cientos de miles de personas perdieron la vida a consecuencia del tsunami, fueron muchos los que sobrevivieron y sus historias revelan que sólo la gracia les salvó.

Una colegiala británica estaba de vacaciones con su familia en Tailandia y salvó a cientos de personas. Acababa de estudiar en el colegio los tsunamis y supo, al ver el retroceso del océano, que tenían unos diez minutos antes de que una potente ola golpeara el pueblo costero. Se lo contó a su madre y toda la zona fue evacuada. Incontables vidas se salvaron gracias a una niña.

Un niño indonesio de cinco años estaba jugando en su casa cuando el tsunami le golpeó y lo arrastró hacia el interior del océano. Sobrevivió durante dos días en el mar flotando en un colchón. Dijo que no había tenido miedo, ya que estaba acostumbrado a jugar en el agua, aunque sí había pasado muchísimo frío. Finalmente unos pescadores lo rescataron, pero verdaderamente fue sólo la gracia la que le salvó.

Un hombre de una de las islas Nicobar fue arrastrado por las poderosas aguas. Cuando las olas lo devolvieron a tierra se dio cuenta que era la única persona de la isla que había sobrevivido. Vivió a base de cocos durante veinticinco días hasta que el ejército lo rescató. También sobrevivieron personas de otras islas durante más de cuarenta y cinco días de manera parecida.

Nada sucede accidentalmente. Cuando ocurre un desastre natural o sucesos tales como el derrumbamiento de las Torres Gemelas, es el destino el que atrae a la gente a esos lugares en el momento en el que, de acuerdo con su karma, tienen que abandonar el cuerpo. El cuerpo puede perecer, pero el Atman permanece por siempre indestructible.

Un periodista preguntó a Amma si el tsunami era un mensaje de la Madre Naturaleza. Ella contestó que la naturaleza nos está diciendo que no debería ser explotada. Pero incluso tan pronto después de una tragedia, casi todo el mundo ya finge estar dormido, lo que demuestra que no hemos aprendido de esta lección. Esta es la razón por la que quizás sucederán más desgracias, porque no aprendemos la lección que la Madre Naturaleza está intentando enseñarnos.

Amma dice: "Lo que experimentamos ahora es el resultado de nuestras acciones pasadas. Haciendo buenas acciones en el presente podemos preparar el camino para un mañana mejor. No sirve de nada lamentarnos por el pasado. En lugar de eso, intentemos compartir el dolor de los que se han quedado atrás. Debemos encender la lámpara del amor en nuestros corazones y brindar nuestra ayuda a todos los que sufren a nuestro alrededor".

Este pececillo antes nadaba en el mar de la ilusión
Las olas del sufrimiento lo golpeaban incansablemente
En las oscuras y profundas aguas,
Pero Tú le ofreciste un refugio
En medio de los mares embravecidos:
Una cueva en la que Tú vivías
Donde el sufrimiento no tenía cabida,
Un refugio para las almas perdidas y solitarias.

Contenta busqué Tu refugio
Y me acogiste en él con Tu amorosa compasión.
Ya no intento nadar en ese mar de ilusión
Porque conozco el tranquilo y dulce refugio
En el que siempre estás esperando.

Capítulo 17

Aprovechando nuestra fuerza interior

*"El amor y la belleza están en nuestro interior.
Trata de expresarlos a través de tus acciones
Y saborearás sin duda alguna la auténtica fuente de la dicha."*

Amma

Hace como quince años ocurrió un incidente que se me quedó grabado en la memoria. Estábamos unas cuantas personas sentadas en una habitación con Amma. Ella se volvió hacia mí y empezó a cantar algunos versos de una canción. Algunos *brahmacharis* que estaban en la habituación se volvieron para ver a quién le cantaba Amma. Como la mitad de ellos sonreía y la otra mitad parecía triste, sentí mucha curiosidad por saber el significado de la letra de aquella canción, así que se lo pregunté a alguien.

La traducción aproximada de la letra de la canción era: "porque has nacido mujer, es tu destino llorar". Siempre lo he recordado. El destino de las mujeres a lo largo de toda la historia, incluso desde el principio mismo de la creación, ha sido sufrir, ya sea a manos de otros o por el estado de su propia mente. Amma conoce muy bien el dolor y la angustia que las mujeres hemos tenido que soportar. Ha decidido que las mujeres ya hemos sufrido bastante desde tiempo inmemorial. Para superar este sufrimiento, debemos encontrar la fuerza inherente a nuestro ser espiritual, que nos permitirá encarnar plenamente nuestra divina naturaleza interior.

A lo largo de los años, Amma ha sido invitada a participar en numerosos congresos. No es su estilo tratar de imponer enseñanzas a nadie: dice que el conocimiento debe extraerse de Ella. Y así, quiso el destino que Amma fuera invitada a pronunciar una conferencia en la Iniciativa por la Paz Global de las Mujeres Líderes Espirituales y Religiosas, en la sede de Naciones Unidas de Ginebra, Suiza. Su discurso, *El despertar de la Maternidad Universal*, estaba basado en Su experiencia personal de haberse criado en una sociedad opresiva. En su discurso, Amma animaba a las mujeres a cultivar sus cualidades internas de compasión, paciencia y comprensión, y a volver a despertar estos rasgos que están latentes en cada mujer. Amma hizo un llamamiento a las mujeres para que se unieran y actuaran contra el sufrimiento al que han estado sometidas durante tantos años.

Amma creció en un entorno con reglas muy estrictas y rigurosas para las muchachas, pero no permitió que Le afectaran estas costumbres opresivas. La madre de Amma solía decirle que la tierra no tenía que sentir siquiera los pasos de una mujer, y las paredes no debían oírla hablar. Cuando Su familia tenía invitados, las hijas se quedaban en sus habitaciones porque no debían ser vistas ni oídas por los visitantes. Aunque era más alta que Su hermano menor, Amma tenía que levantarse cuando él entraba en una habitación.

A pesar de esta educación sofocante, la fuerza interior de Amma nunca fue reducida. De hecho, las dificultades Le dieron más fuerza y le ayudaron a desarrollar una compasión más profunda y a comprender mejor cómo viven la mayoría de las mujeres en el mundo. A pesar de los castigos de Su familia, Amma mantuvo firmemente Su compromiso de tratar de ayudar a los que lo necesitan. Con el tiempo, su familia se dio cuenta de que la fuerza interior de Amma no iba a ceder; era una brillante luz que se negaba a apagarse, y dedicada a aliviar el sufrimiento de los que la rodeaban.

Cuando Amma habló de la Maternidad en Ginebra, no estaba pronunciando un discurso sobre un concepto teórico. Ella expresa esta cualidad a cada momento de Su vida. Incluso de niña se mostraba maternal con Su familia y Sus vecinos. Las personas que la ven por primera vez nos dicen muchas veces que no pueden explicar el efecto conmovedor que tiene en ellas, y muchas se echan a llorar sin más. Así es la fuerza del amor divino de Amma. Aunque sólo estudió hasta el cuarto curso, Amma ha logrado lo inimaginable simplemente permaneciendo centrada en el "poder de la maternidad".

En cierta ocasión un hombre en Norteamérica quería argumentar contra algunas de las afirmaciones de Amma en su discurso. Dijo que Amma procedía de una pequeña aldea, y que él había crecido en el norte de la India y allí eran realmente las mujeres las cabezas de familia.

Amma se volvió hacia él y declaró con rotundidad: "¿Crees que la Madre es una pequeña rana en un pequeño pozo? ¡Más bien es como una gran rana en el océano!" A continuación le dijo que Ella habla por su experiencia de haber visto a más de treinta millones de personas a lo largo de los últimos treinta años; y más de la mitad de ellas mujeres; de haber enjugado las lágrimas de sus penas y de haber intentado consolarlas.

Es verdaderamente un milagro cómo Amma está cambiando innumerables vidas con el poder de la Maternidad. Está mostrando al mundo entero que eso es lo que funciona, y que si hombres y mujeres trabajan juntos, no sólo se conseguiría restaurar la armonía social, sino que recuperarían su verdadera identidad como auténticos seres humanos. Cuando cobremos conciencia de

nuestro auténtico potencial, nos encontraremos capaces de hacer mucho más de lo que habríamos creído. El inagotable amor que Amma siente por nosotros nos inspira para tener la fuerza para ir más allá de nuestras limitaciones y empezar a vivir de una forma más altruista.

Amma conoce nuestro potencial. Quiere que las mujeres sean capaces de hacerlo todo por sí mismas. A nivel práctico, Amma quiere que nos hagamos fuertes y auto suficientes en todos los campos. En el *ashram*, les ha pedido a las mujeres que se encarguen de hacer lo que solían hacer los hombres, como realizar compras o llevar las cuentas. En las instituciones de Amma en la India, las mujeres son las jefas de los departamentos y las directoras de las escuelas. Un año, en la gira del Norte de la India, Amma quiso que todas las mujeres cargaran las bolsas y el equipo en el techo de los autobuses, algo que normalmente hacen los hombres.

Después del tsunami, Amma envió a muchas de las *brahmacharinis* a ayudar en la limpieza de las casas del pueblo. Estas muchachas pasaron largos días paleando arena y moviendo escombros y cascotes, todo por su amor a Amma. Durante días y días trabajaron bajo el sol abrasador para aliviar el sufrimiento de los demás.

Amma puso a dos chicas como encargadas de la seguridad nocturna del lugar en el que se estaban construyendo las nuevas casas, a poca distancia del *ashram*. Todos nos sorprendimos, pues pensábamos que no era un trabajo adecuado para mujeres. Sin embargo Amma insistió en que sus muchachas tenían mucho coraje, así que ¿por qué no iban a hacer este trabajo?

Una vez, durante un *Devi Bhava*, vi a una *brahmacharini* contarle su problema a Amma. En respuesta a su problema, Amma pidió a la chica que le mostrara sus bíceps y le dijo: "¡Lo ves! ¡Tienes músculos, puedes hacerlo!"

A veces las mujeres se quejan de que parece que tienen que trabajar mucho más que los hombres. Una vez le pregunté a Amma cómo pierde su energía espiritual una mujer, pues un hombre la puede perder a través de la pérdida de semen. Amma me contestó que la mujer pierde su energía espiritual a través de sus pensamientos y emociones. Por eso las mujeres acaban normalmente haciendo más trabajo físico que los hombres, ya que pueden canalizar sus pensamientos y emociones de una manera positiva en lugar de perder la fuerza mental y emocional.

Nunca antes ha conocido el mundo a un ser tan grande como Amma. Nadie como Amma ha conmovido a tantas personas y ha mostrado un amor e interés tan extraordinarios con su cuerpo físico. Amma tiene una paciencia y una compasión infinitas. Da el amor de una madre, y eso es lo que necesita el mundo. Puede que la fuerza de ese amor actúe lentamente, pero es más grande y más potente que cualquier otra cosa en el mundo. No tenemos que dar a luz para comprender la maternidad, porque Amma nos dice que su esencia es el amor; es una actitud mental.

La gente pregunta a menudo cómo puede permanecer Amma sentada durante horas y dar darshan sin apenas dormir ni comer. Amma tiene un cuerpo humano, pero Ella no es consciente de su cuerpo. Cuando ve a multitudes de gente sufriendo tanto, dice que simplemente tiene que seguir. Tiene que verlos a todos hasta la última persona. Amma es capaz de tanto porque por el puro poder de Su mente puede superar todas las limitaciones del cuerpo. Es un ejemplo para todos nosotros, Y nos anima a recurrir a nuestra propia fuerza interior, a ir más allá de las limitaciones que percibimos.

Los horarios de las giras de Amma son extremadamente duros. Para mantener su ritmo, tenemos que recurrir a nuestra fuerza interior. Ninguna persona normal puede soportar por sí sola un horario tan exigente y agotador. Así que dejamos que Amma trabaje a través de nosotros. En esta entrega descubrimos que somos capaces de ir más allá de lo que pensábamos que seríamos capaces de hacer. La mayoría de nosotros sentimos a veces que se nos está llevando al límite, pero entonces descubrimos que siempre podemos ir un poco más allá. A menudo la gente no comprende cómo o por qué podemos hacer tanto, pero vemos que conseguimos la fuerza para poder hacer lo que tengamos que hacer cuando se trata de una acción en la que subyace el amor. Sucede igual con la madre que lleva en su seno a un bebé durante nueve meses; el peso del bebé puede parecer insoportable a veces, pero la madre acepta soportarlo a causa de su amor.

En la gira del norte de la India el año pasado, cuando estábamos en Bhopal, nos dirigíamos al programa nocturno y Amma no se encontraba bien. En realidad, estaba muy enferma. Yo tenía un medicamento para Ella, pero se negó a tomarlo. Sabiendo como se encontraba, nos preocupaba cómo se las arreglaría para dar el *darshan* a las cien mil personas que estaban esperándola. Aún así Ella siguió adelante y dio *darshan* a lo largo de toda la noche y la mañana siguiente. Una y otra vez Amma nos inspira para que nos alcemos por encima y vayamos más allá de las limitaciones que creemos tener.

Hay un relato muy conocido sobre el Titanic. Cuando el buque empezó a hundirse, la gente corrió hacia los botes salvavidas. Uno de estos botes tenía demasiada gente a bordo. Alguien anunció que el bote estaba demasiado lleno. Si por lo menos una persona se ofrecía voluntaria para saltar por la borda, el resto podría salvarse. Un hombre con gran valentía saltó por la borda y dio su vida por los demás. Este valiente joven recurrió a su fuerza interior para ser capaz de sacrificar su vida por los demás. Cuando nos damos cuenta de que Amma se está sacrificando cada día por la humanidad sufriente, no podemos evitar querer ofrecer nosotros también nuestra vida al servicio de los demás.

Durante la celebración del Amritavarsham 50, Amma visitó el hospital AIMS para asistir a una cumbre de grandes directivos que tenía lugar allí. En la entrada principal de la sala de conferencias, se había preparado en el suelo un complicado diseño floral. Normalmente, Amma es muy cuidadosa con estos diseños y procura no pisarlos, pero aquel día estaba mirando a toda la gente que había en la sala y no vio el mándala de flores. Sin darse cuenta atravesó una de sus esquinas y siguió caminando hacia el estrado.

Tras sentarse en el estrado, Amma se agachó y se sacó un grueso y largo alfiler de la planta del pie. Me lo pasó. Me quedé espantada y me sentí terriblemente enferma al pensar en el dolor que debía de haber sentido Amma en el pie, sabiendo lo doloroso que puede ser hasta el pinchazo de un pequeño alfiler, no quería ni pensar en un grueso alfiler de tres centímetros alojado directamente en el pie. Aunque me sentía totalmente alterada al pensar en el dolor de Amma, Ella ni siguiera parpadeó. Continuó escuchando los discursos de los participantes invitados y luego ofreció su propio *satsang*.

Con discreción intenté que trajeran los zapatos de Amma y un algodón con alcohol y una tirita para tratar de curar subrepticiamente la herida y prevenir la infección. Aunque se lo pedí a dos personas distintas, no me llegaba nada.

Después deL programa, que duró una hora, Amma se dirigió a una pequeña habitación para reunirse con algunos de los directivos. Yo conseguí al final el algodón con alcohol y la tirita, y pude limpiarle rápidamente la herida del pie. Cuando trataba de ponerle la tirita, Amma me la quitó de la mano, porque había empezado a dar *darshan* a los oradores. Dos veces intenté cogerle la tirita para que tuviera las manos libres, pero no me dejó. Luego Amma llamó a otras treinta personas para el darshan, mientras seguía teniendo la tirita en la palma de la mano. Después del darshan, recorrió el hospital y se detuvo un rato visitando a un paciente moribundo. A continuación pasó por la unidad de cuidados intensivos pediátrica y acarició a algunos bebés. Todo este tiempo estuvo caminando sin zapatos.

Cuando por fin entramos en el coche para volver al estadio donde se celebraba el cumpleaños, Amma abrió la mano y vi que todavía llevaba la tirita que había cogido hacía más de una hora. Amma se negó a que nadie mirara su pie, porque nunca pensaba en su propio bienestar; estaba demasiado ocupada pensando en las necesidades de cientos de miles de devotos.

Al día siguiente Amma se dio cuenta de que su pie empezaba a infectarse y decidió tomar antibióticos. Los tomó con el estómago vacío y le sentaron mal, pero siguió dando darshan durante más de diecinueve horas, abrazando a cerca de 50.000 personas. Amma me contó más tarde que en un momento durante el *darshan* ni siquiera podía ver. Dijo que Su visión se redujo totalmente y la multitud simplemente "flotaba" delante de sus ojos. Nadie lo supo, pues siguió abrazando a gente durante horas.

Más tarde les dije a las muchachas que habían preparado el diseño floral que nunca usaran alfileres, pues era muy peligroso. Me contestaron que no habían utilizado ningún alfiler. Mi impresión personal es que a través de este incidente, Amma estaba absorbiendo cualquier tipo de negatividad que estuviera destinada a ocurrir durante su aniversario, pues los cuatro días de celebración en los que participaba tanta gente milagrosamente transcurrieron sin que se produjera ni un solo accidente o herida.

Un periodista le preguntó una vez a Amma cuál era el secreto de Su éxito. Amma le sugirió que tal vez sea que la gente encuentra en Ella lo que es esencial para todos, pero que a ellos les falta. Cuando el periodista pidió más explicaciones, Amma dijo: "es amor", y añadió: "hay dos clases de pobreza: la pobreza material y la pobreza de amor y compasión. Si se despiertan el amor y la compasión, entonces la otra clase de pobreza también queda eliminada.

La compasión y el amor de Amma le dan la fuerza para realizar cosas increíbles e influir en millones de vidas de todo el mundo. La compasión es la expresión del amor y tiene la capacidad de eliminar el sufrimiento. Florece como el fruto de la verdadera comprensión y nos proporciona la fuerza para hacer cualquier cosa.

Desearía cantarte una larga y triste canción,
Para llenar tus ojos de lágrimas y ablandar Tú corazón.
Para que derramaras una sola lágrima por mí,
Mientras yo lloro océanos por ti.

Cuando tu recuerdo me viene a la mente,
Todas las palabras se desvanecen.
Si Tú trasciendes todos los gunas,
¿Cómo hablar entonces de Ti?
No hay palabras que puedan contener Tu gloria
Ni melodía que exprese Tu belleza.

Has arrebatado la belleza y gloria de todas las cosas
Y la has albergado en tu interior.
Y también me has robado el corazón.
Sólo mis lágrimas caen mientras Tú sigues impasible.

Capítulo 18

Encontrar el paraíso sobre la tierra

> *"El contento y la felicidad dependen únicamente de la mente,*
> *No de los objetos ni de las circunstancias externas.*
> *Tanto el cielo como el infierno son creados por la mente."*
>
> *Amma*

La gente piensa a menudo que Dios sólo existe en lo alto del cielo, sentado en un trono de oro, y que sólo se puede alcanzar el cielo al final de la vida; pero Amma dice que esto no es cierto. Podemos encontrar el cielo en la tierra, aquí y ahora. Reside en la actitud de nuestra propia mente. Somos nosotros los que creamos nuestro propio cielo o infierno. Amma desea que experimentemos sólo el cielo.

Lo que Amma desea para el mundo, y para todos nosotros, está contenido en el mantra *Om Lokah Samastah Sukhino Bhavantu* (Que todos los seres de este mundo y de otros mundos sean felices y vivan en paz). Amma ha repetido muchas veces que quiere que todo el mundo tenga un techo sobre su cabeza. Piensa que todo el mundo debería tomar al menos una comida completa una vez al día. Todo el mundo debería poder irse a dormir por la noche sin miedo. Este es el sueño de Amma.

Nosotros podemos desear muchas cosas diversas, pero los deseos de Amma son totalmente desinteresados y sólo por la mejora del mundo. Amma siempre ha vivido su vida al máximo de su capacidad esforzándose por purificarnos y elevarnos, por inspirarnos para llevar una buena vida. Amma es un ejemplo vivo de las cualidades de la humildad y la compasión, acompañadas de un amor abrumador por el servicio a la humanidad.

Es increíble ver cómo han florecido los proyectos humanitarios de Amma a lo largo de los años. Allá por donde viajamos en India vemos la manifestación física de su amor en forma de centros educativos, hospitales, viviendas y tantísimos otros proyectos que resulta imposible enumerarlos.

Las instituciones de Amma se han labrado la reputación de contar con tecnología de primera clase y trabajadores desinteresados, pero Amma nunca se atribuirá el mérito de haber construido su *ashram* o por todas las actividades que se han iniciado en su nombre. Cuando le preguntan por estos logros increíbles, Amma contesta humildemente: "no tengo ninguna pretensión de haber hecho nada. Son mis hijos los que han hecho todo esto posible. Mis hijos son mi riqueza; ellos son mi fuerza".

Amma explica además que atribuye todo el éxito del *ashram* a la renuncia y al esfuerzo desinteresado de sus devotos. Ella nunca ha dedicado tiempo a calcular si un proyecto es factible o no antes de comenzarlo. El punto de partida de todas sus actividades humanitarias ha sido la necesidad de la gente. Cuando Amma ha sentido su necesidad, se ha comprometido, y con la gracia de Dios las cosas siempre han salido bien cuando ha sentido la inspiración para emprender un proyecto.

La organización de Amma es enormemente eficaz porque depende del esfuerzo voluntario de sus devotos. Cuando otras organizaciones asignan fondos para ayuda humanitaria, la mayor parte se dedica a salarios y a cubrir gastos de administración. Es como ir pasando aceite de un vaso a otro sucesivamente: al final, apenas queda aceite. La mayor parte se ha perdido, quedándose en las paredes de todos los vasos. De este modo mil rupias pueden reducirse a diez rupias cuando llegan a la gente que las necesita. Por otra parte, si nos dan diez rupias y añadimos nuestro esfuerzo, ese dinero se multiplica. Esa es la fuerza de la entrega desinteresada: uno puede empezar con dos céntimos y acabar con un euro.

Se produce un círculo de amor en la entrega desinteresada. El círculo se completa cuando aquellos que han recibido el amor de Amma a distancia se encuentran finalmente con Ella. Entonces Ella misma les hace conocer directamente que el amor que están sintiendo es auténtico, permanente y una parte de su verdadera naturaleza. Al derramar amor sobre nosotros, Amma despierta el amor en nuestro interior.

La inspiración de Amma es como un acelerador divino. Una vez puesto en marcha, funciona casi por su propio impulso con un poder tremendo. Es un poder que procede del amor y no de la imposición. Es lo contrario de nuestro concepto habitual de poder. Este amor es la clave de nuestro crecimiento espiritual y de los cambios que Amma pueda producir en nosotros. Sólo en el amor desinteresado encontramos el valor y la paciencia suficientes para guiarnos en los momentos difíciles.

Por cada persona que entra directamente en contacto con el amor de Amma, hay muchísimas más que reciben el beneficio de ese contacto. Amma inspira a personas muy corriente a hacer cosas extraordinarias. Su entusiasmo no se limita sólo a hacer servicio social, ni es la simple idea de "hacer el bien". Es mucho más; es el modo en que los devotos expresan su amor por Amma.

Podemos relacionarnos con Amma allá donde estemos, porque Amma nos dice que siempre está con nosotros. Una muchacha tenía un gran deseo de conocer a Amma, pero no le era posible ir a Amritapuri. Trabajaba como sirvienta en una casa con reglas muy estrictas y no podía pedir unos días libres. Trataba de relacionarse con personas que habían conocido a Amma y que hablaban de Ella, y se sintió feliz un día al recibir una pequeña fotografía de

Amma. Pero todavía seguía teniendo un gran deseo de encontrarse con Amma y recibir su *darshan*. Una tarde, varias personas de su pueblo iban a viajar al *ashram* para asistir a un programa de *Devi Bhava*, y la invitaron a unirse a ellas. La muchacha no pudo conseguir el permiso y se quedó desconsolada.

Cuando los dueños de la casa se marcharon aquella noche, la muchacha apoyó la cabeza en el suelo y se echó a llorar. De pronto sintió una presencia en la habitación. Alzó la cabeza y se quedó atónita al ver a Amma vestida como Devi sentada en el sofá, vestida con un *sari* verde y la corona y las joyas de la Madre Divina. Se percibía una fragancia especial en torno a Ella. La muchacha pensó que tal vez estuviera soñando, pero sabía que estaba bien despierta. Amma la levantó del suelo, le enjugó las lágrimas y le puso la cabeza sobre su hombro, diciendo: "querida hija, no llores. Siempre estoy contigo". Le cogió la mano y la miró profundamente a los ojos, y luego desapareció de repente.

Cuando sus amigos volvieron al día siguiente, la muchacha les preguntó el color del *sari* que Amma había llevado para el *Devi Bhava*. Ellos le confirmaron que efectivamente Amma llevaba un *sari* verde. Han pasado cuatro años desde que tuvo aquella milagrosa visión de Amma, y aunque nunca ha estado en Amritapuri para encontrarse personalmente con Amma, sabe en el fondo de su corazón que Amma está siempre con ella.

En la India, las enseñanzas de los maestros que han realizado a Dios han formado la base del Sanatana Dharma. Las vibraciones de su realización y las grandes verdades que han pronunciado todavía siguen presentes en forma sutil. Amma es la joya de la corona de ese antiguo linaje ininterrumpido.

Cuando Amma tenía dieciséis años, su hermano pequeño la vio sentada junto al brazo de mar, llorando. Al principio pensó que lloraba porque alguien la había recriminado algo o golpeado, y fue a preguntarle qué había pasado. Amma lo miró y le dijo: "hijo, siento las penas del mundo. Oigo el grito de la humanidad que sufre, y también sé cómo acabar con su dolor". Esta compasión se ha manifestado a través de Su vida y es el fundamento de todas Sus acciones, con las que trata de llegar a nosotros una y otra vez.

Puede que resulte difícil imaginar que Amma conoce el corazón de todos y cada uno de nosotros y nuestros deseos más profundos, cuando tiene millones de hijos en todo el mundo. Pero Ella nos muestra a cada uno de nosotros una y otra vez que tiene la capacidad para escucharnos, para conocernos al nivel más profundo.

Amma dijo una vez: "mis hijos creen que no los recuerdo, pero cada noche Amma va a ver a cada uno de sus hijos por todo el mundo y les da un beso de buenas noches".

Algunos hablan de la edad de oro que ha de llegar. Yo creo que ha llegado con el nacimiento de Amma en esta tierra. La gracia de tener a Amma con nosotros es indescriptible. En la vida todos buscamos nuestro cielo en la tierra. ¡Yo sé dónde he encontrado el mío!

*En este impuro mundo reside la dicha
De Ti en toda la creación.
Mi corazón tiembla expectante
Ante la idea de contemplar
Tu preciosa forma.*

*Este único deseo me sostiene
Mientras pasan los días vacíos.
¿Cuándo llegará el día en que
Las nubes de la ilusión desaparezcan?
Tu dulce promesa despierta mi sed
De beber de tu forma.*

*Manteniendo firmemente el pensamiento de tenerte ante mi
Me doy cuenta de que no sé nada.
Buscar cualquier otra cosa se vuelve vano intento.
Un toque de Tus pies de loto me liberará
Y me ahogaré dichosa en Tu mar de compasión.*

Glosario

Adivasi: Habitantes oriundos de una zona.
AIMS: Amrita Institute of Medical Sciences (Instituto de Ciencias Médicas Amrita). Hospital de múltiples especialidades de Amma en Cochin.
Amritapuri: El ashram principal de Amma en Kerala, India.
Amritavarsham50: Acontecimiento de cuatro días de duración por la paz y la armonía del mundo. Se celebró en Cochin en 2003 con motivo del 50 cumpleaños de Amma.
Arati: Ceremonia que consiste en quemar alcanfor formando círculos, al son de las campanas al final del culto, representando la ofrenda total del ego a Dios.
Archana: Recitado de los nombres de Dios.
Arjuna: Un famoso príncipe guerrero. Fue el amado discípulo al que Sri Krishna impartió las enseñanzas de la *Bhagavad Gita* hacia el 3.000 A.C.
Ashram: Comunidad residencial en la que se practica la disciplina espiritual; la residencia de un santo.
Atman: El Ser o Conciencia Suprema. Se refiere tanto al Alma Suprema como a la individual.
Ayurveda: El sistema de medicina tradicional de la India.
Bhajans: Cantos devocionales.
Bhava: aspecto o actitud divina.
Brahmachari: Un discípulo varón que mantiene el celibato y practica disciplinas espirituales.
Brahmacharini: EL equivalente femenino de *brahmachari*.
Chai: Té indio hervido con leche y azúcar.
Chatti: contenedor de metal redondeado; se utiliza en la construcción para cargar cosas.
Darshan: Visión de la Divinidad o audiencia con una persona santa.

Devi: Madre Divina.

Dharma: Deber o justa responsabilidad.

Dhoti: Pedazo de tela sujeta alrededor de la cintura que suelen llevar los hombres.

Dote: Cantidad acordada de dinero y regalos que entrega la familia de la novia a su marido y a su familia.

Ego: La conciencia limitada de "yo", que se identifica con atributos limitados como el cuerpo o la mente.

Gopis: Pastoras de vacas y lecheras que vivieron en Vrindavan. Eran las devotas más cercanas de Krishna, famosas por su suprema devoción.

Gunas: cualidades (*sattva, rajas, tamas*). Las tres cualidades de la materia o energía que componen el mundo de los fenómenos.

Guru: Un maestro espiritual.

Gurudev: "Maestro Divino", una fórmula respetuosa en sánscrito utilizada para dirigirse aL maestro espiritual.

IAM: Integrated Amrita Meditation. Técnica de mediación integrada desarrollada por Amma.

Japa: Repetición de un mantra.

Kalari: El pequeño templo donde Amma celebraba originalmente los *Bhava Darshans*.

Karma Yoga: El camino de la acción a través del servicio desinteresado.

Karma: Acción o hecho. También la cadena de efectos que producen nuestras acciones.

Krishna: La octava encarnación del Señor Vishnu, cuyas enseñanzas están contenidas en la *Bhagavad Gita*.

Kurukshetra: el campo donde tuvo lugar la batalla de Mahabharata. En este lugar Sri Krishna impartió a Arjuna las enseñanzas de la *Bhagavad Gita*.

Mahatma: literalmente, "Gran alma". Es un término de respeto hindú para referirse a una persona espiritualmente elevada. En este libro, Mahatma se refiere a un alma que ha realizado a Dios.

Mala: Guirnalda o collar.

Malayalam: La lengua materna de Amma; el idioma de Kerala.

Mantra: Un sonido o grupo de palabras sagrado con el poder de transformar.

Maya: Ilusión.

Om Amriteshwaryai Namaha: Mantra que significa "saludamos a la Diosa de la Inmortalidad".

Om Namah Shivaya: Poderoso mantra con diferentes interpretaciones, que por lo general significa "Me postro ante el Eternamente Auspicioso".

Pada puja: Ceremonia tradicional de lavar los pies del *guru*.

Panchakarma: Las cinco técnicas diferentes de limpieza utilizadas en el tratamiento ayurvédico.

Pappadam: Tortita delgada y redonda muy popular, servida normalmente con arroz.

Paramatman: El Alma Suprema o Dios.

Prasad: Ofrenda o regalo bendecido de una persona santa o de un templo.

Puja: Ceremonia o culto de adoración.

Pujari: Sacerdote que realiza el culto tradicional.

Punyam: Mérito.

Radha: Una de las gopis. Era la más cercana a Krishna y personifica el más alto y puro amor por Dios.

Rajas: Actividad, pasión; una de las tres cualidades básicas de la naturaleza que determinan las características inherentes de todo lo creado.

Rudraksha: Semilla de un árbol que suele crecer en Nepal y que es conocido por su poder medicinal y espiritual. Conocido en las leyendas como "las lágrimas del Señor Shiva".

Sadhana: Prácticas espirituales que conducen a la realización del ser.

Samadhi: Unidad con Dios. Un estado trascendental en el que se pierde todo sentido de identidad individual.

Sanatana Dharma: literalmente, "LA religión eterna". Es el nombre original y tradicional del Hinduismo.

Sankalpa: Una resolución.

Sannyas: Ceremonia en la que se hacen votos formales de renuncia.

Sánscrito: Antigua lengua de la India, que se dice que era el lenguaje de los dioses.

Satsang: Escuchar una charla o debate espiritual; la compañía de santos y devotos.

Seva: Servicio desinteresado.

Sraddha: Cuidado, atención, fe.

Swami: El que hace los votos monásticos de celibato y renuncia.

Swamini: Su equivalente femenino.

Tapas: Austeridades, penalidades que se sufren con el fin de la auto purificación.

Tulasi: Albahaca sagrada, una planta medicinal.

Tyagam: entrega; renuncia.

Vairagya: Desapego, ausencia de pasión.

Vasanas: Impresiones residuales de objetos y acciones experimentados, tendencias latentes.

Vedanta: Un sistema filosófico basado principalmente en las enseñanzas de los *Upanishads*, la *Bhagavad Gita* y los *Brahma Sutras*, y que trata de la naturaleza del Ser.

Vibhuti: Ceniza sagrada, que Amma generalmente da como *prasad*.

Vrindavan: El lugar donde Sri Krishna vivió de niño.

www.ingramcontent.com/pod-product-compliance
Lightning Source LLC
LaVergne TN
LVHW020354090426
835511LV00041B/3047